徐秀珊

北京城市地理与文化学者。曾任什刹海研究会副秘书长，参与撰写多部志书，并撰写有关研究文章数十篇。主要著作有:《北京街巷图志》《北京老宅门(图例)》《胡同与门楼》。主编有:《北京地名典》。选编有:《留梦集》《月旦集》《说梦楼谈屑》以及《流年碎影》等。

春明的眼波

徐秀珊 著

2017 年 · 北京

目录

CONTENT

引言

什刹海地区是北京市二环路以内唯一的一片环水而居的居住区，总占地约146公顷，其中：陆地112公顷；水域34公顷，约占总面积的五分之一。整片水域自西北向东南倾斜，至银锭桥东侧以后逐渐转向西南，宛如一个不规整的反写的英文字母“C”。

什刹海水域分为前海、后海、西海，统称三海，被誉为古都明珠，是永定河故道遗存。元代泛称海子，为南北大运河最北端的码头，时人描述这里：帆樯如林，扬波之橹仿佛东溟的鱼群那样繁密，水鸟翔集，波光粼粼，一派繁盛景象。不少文人雅士经常来这里雅集，留下许多优美的诗句。当时的大诗人也是著名的书法家赵孟頫吟咏道：

白水青山引兴多，红裙翠袖奈愁何。
只从暮醉兼朝醉，聊复长歌更短歌。
轻燕受风迎落絮，游鱼吹浪动新荷。
余杭溪上扁舟好，何日归休理钓蓑。①

明以后，码头废弃，什刹海的水域也缩减不少。但是，什刹海的风光依然旖旎，红荷绿稻，别有江南风韵。春天绿柳生姿，夏天荷花宛如绯红的烟云，秋天的景色另有况味，所谓“水秋稍闲，然芦苇天，菱芡岁，诗社交于水亭”②，诗人们坐在水边的亭子里喝酒吟诗。冬天呢，这里“冬水坚冻，一人挽木小兜，驱如衢，曰冰床。雪后，集十余床，鲈分尊合，月在雪，雪在冰”[③]。寒冷的月光照射在积雪之上，雪之下则是坚硬的冰面，月、雪、冰融为一体的冱寒，而游人乘坐冰床，在冰上穿梭。这样的景致是南方的诗人想也想不出来的。

这里是北京的宜居之地，明清两朝，沿着“海”边筑有不少贵族府邸，今之定阜街、前海西街一带，即分布有庆王府、涛贝勒府、恭王府、罗王府等，而在这些府邸的北侧还有醇亲王府（北府），西侧有棍贝子府，等等。这里名人荟萃，张之洞、蔡锷、宋庆龄、郭沫若、梅兰芳、梁漱溟、熊十力、张伯驹、顾随等人纷纷卜居于此。当然，居住在这里更多的是寻常人家，晨起伊始便是油盐柴米。2003年以后，带有异域风情的酒吧在这里落户，从而形成另一种风景。

什刹海地区是北京的文化窗口，既是旅游区，又是普通百姓的居住之地，历史丰厚，景观独特。如果将渐行渐远的依稀残影与今天沸腾的生活气息交融一体，总应是件好事。基于此我写下这本薄薄的小书，算是对往事的点滴怀念。当然用不了多久，今天的什刹海，包括我这本小书，也会成为我或者别人的怀念对象吧。

注释：

①北京什刹海研究会、什刹海风景区管理处编著：《诗文荟萃什刹海》，北京出版社，1998年1月，第3页。

②③［明］刘侗、于奕正著：《帝京景物略》，北京古籍出版社，1980年10月，第19、19页。

第一章◎布局与形态

城市是思想的产物，作为国家的首都当然也是如此。在我国的历史上，西周时期的首都，其筑城思想便系统地反映在《考工记》中。

根据《考工记》述载，当时的首都——其时称王城，四周是城垣，每面开辟三座城门，总计十二座城门。王城里面有九条南北干道与九条东西干道，也就是“九经九纬”[1]。王城的中心是宫城。宫城的南面，左侧是供奉历代祖先的太庙，右侧是祭祀谷神与土地的社稷坛；宫城的北面是

市场。

干道的四周是坊，坊是百姓居住的地方。居民的身份不同，居住的坊也不同。贵族居住的坊靠近宫城，集中在宫城的正东、正西与正南一带，是所谓的“国宅”区。仕人居住的坊距离宫城相对遥远，靠近王城的东门与西门。商人与工匠被安排在王城北部的市场周围，其他庶民则居住在王城的四隅地带，不与工商业者混杂。

为了便于居民出行，在坊中也开辟微型道路与王城的干道相通，其时称“巷”。到了元代，这种道路在大都则以“火巷”与“胡同”的面目出现。

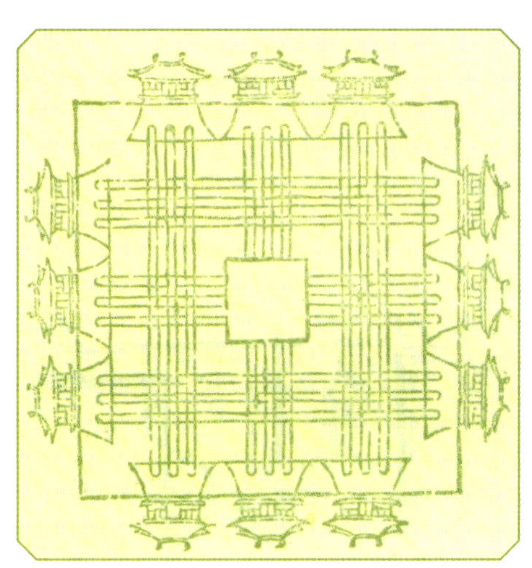

聂崇义《三礼图》中的王城布局设想图
（转引自贺业钜:《考工记营国制度研究》）

大都的道路格局

王城思想对后世影响深远，元代的大都与明清时期的北京城便是这个思想的体现。但是，时代不同，环境不同，对首都的规划与建设自然也会有所变化。由于地理形态的限制，大都的皇城（隋朝以后，在宫城的外围加筑皇城）虽然被设置在中轴线上，但是位置偏向南部。而大都的设计者刘秉忠笃信《易经》，认为大都的北部是凶险之地，不适宜开辟三座城门，于是取消了北部中间的城门，只开辟东西两座城门，这样大都就只有十一座城门。虽然如此，大都仍然按照王城的理念，修筑了九条南北干道与九条东西干道。

旧鼓楼大街

元至正二十七年（1367），朱元璋举兵北伐。次年，洪武元年（1368）八月，大将军徐达攻入大都。出于防御的考虑，徐达命令华云龙经理大都，将大都的北部城垣拆毁，在其南部2.5公里的地方，即今之北二环路一带另筑新垣。城池虽然缩小了，但是大都的南北干道，在明朝北京的内城依然被保存下来，至今仍然在为城市的交通服务。它们是：

1. 东土城路沿线。

2. 东直门北小街、东直门南小街、朝阳门北小街、朝阳门南小街。

3. 雍和宫大街、东四北大街、东四南大街、东单北大街。

4. 安定门内大街、交道口南大街。

5. 地安门外大街。

新街口南大街

地安门西大街

6. 德胜门内大街。

7. 新街口北大街、新街口南大街、西四北大街、西四南大街、西单北大街、宣武门内大街。

8. 锦什坊街沿线。

9. 西直门南顺城街沿线。

其中，地安门外大街位于大都的中轴线上，至今天的鼓楼向西北转折而与旧鼓楼大街相接。

东西方向的干道，则有所变化，不仅数量减少了，而且位置也不尽相同。它们是：

1. 德胜门与安定门之间的顺城街，今天北二环路南侧一带。

2. 东直门内大街、鼓楼东大街、鼓楼西大街、西直门内大街。

3. 东四十条、张自忠路、地安门东大街、地安门西大街。

4. 朝阳门内大街、东四西大街、景山前街、西四东大街、阜成门内大街。

5. 东长安街与西长安街。

钟鼓楼

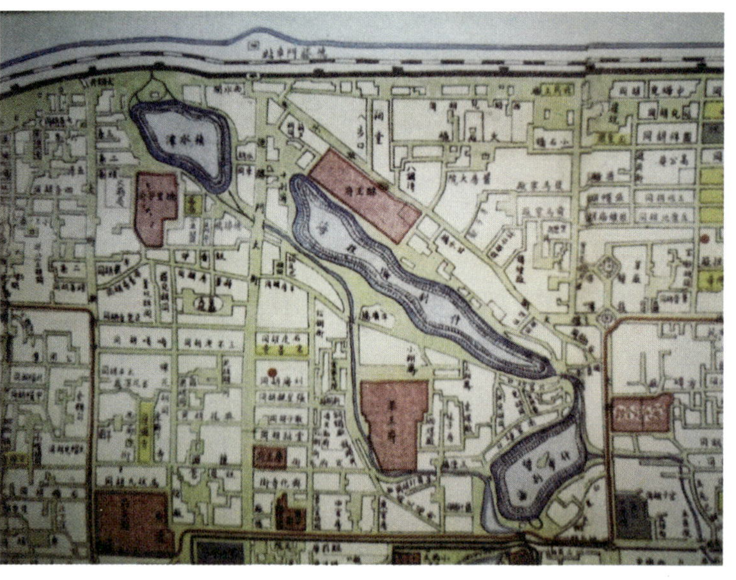

民国时期的什刹海地区图

6. 崇文门与宣武门之间的顺城街。

第二、三、四条干道是大都“九纬”的遗存。

什刹海地区处于第五、六、七条经路与第一、二、三条纬路之间，即今天东侧的地安门外大街、旧鼓楼大街；西侧的新街口北大街、新街口南大街；北侧的北二环路西段—德胜门东大街与德胜门西大街的东端；南侧的地安门西大街。今天的德胜门内大街是大都健德门内大街的南段，从区域的中部穿过。鼓楼西大街从西北向东南逶迤而下，时称斜街。斜街的西端是健德门内大街，东端矗立着鼓楼、中心台与中心阁。

斜街以外，以上所述的道路均没有名称，至少是不见于史乘。虽然如此，这些道路作为实体已经存在，而且有些道路的宽度至今还可以测量出来。

《析津志辑佚》书影，元人熊梦祥在书中记载了大都的城市布局与坊巷道路

地安门外大街上的万宁桥位于大都中轴线上，也是今天北京中轴线的重要组成部分

大都时代的什刹海地区位于大都路宛平县境内，设置有凤池坊、析津坊、丰储坊、永锡坊与发祥坊。根据熊梦祥的《析津志》记载，大都有384条火巷，29条胡同，在道路的形态上，火巷略宽于胡同，均属于支路性质。也就是说，大都总共有413条支路。当时的大都设有50坊，如果采取平均值的计算方法，那么，什刹海地区应该有40条左右的火巷与胡同。这些火巷与胡同叫什么名字，史无明文，不见记录。但是，我们仍然可以进行某种推断。著名的护国寺街，因护国寺而得名。护国寺的前身是建于元世祖忽必烈时期的崇国寺，为传戒大德沙门定演开创。护国寺街位于护国寺南侧，建筑与道路相互制约，护国寺与护国寺街也应存在这种相互制约的关系。多次被明代的茶陵派诗人李东阳吟哦的慈恩寺，根据蒋一葵的《长安客话》

记载，建于元代初年，位于现在的罗王府一带。李东阳在一首诗中这样写道：

城中第一佳山水，世上几多闲岁华。
何日梦魂忘此地，旧时风景属谁家。
林亭路僻多生草，浦树秋深尚带花。
犹有可人招不得，诗成须更向渠夸。[②]

诗的题目是《慈恩寺偶成》。诗人吟咏这里的湖水、亭阁、疏林与水边植物，虽然秋色已深，却仍然绽放着芳菲的花朵，称赞这里是北京最美丽的地方。慈恩寺周围的胡同，是否是大都时代的遗留呢？

明清两朝的发展

入明以后，什刹海地区仍归宛平县管辖，但坊的数量减少了，合并为日忠坊、发祥坊和积庆坊的一部分。嘉靖三十九年（1560），锦衣卫指挥使张爵将他多年收集的北京街巷名称整理刻印，题曰《京师五城坊巷胡同集》。根据这本书的记载，什刹海地区当时有 56 条胡同。其中，日忠坊 25 条：

北安门西、廊房旗房、越桥海子桥、真武庙火神庙、银锭桥、打鱼厅斜街、甘石桥龙华寺、簪儿胡同、鲁家胡同、稻田清虚仙院、德胜门街、广化寺街、铸钟厂小石桥、妙缘观、司设监外厂、南绦儿胡同、马厂胡同、西绦儿胡同、水

关水车、浆绛房（浣衣局）、李广桥、望乡台、豆腐巷、射所、海潮巷。[3]

发祥坊 18 条：

崇国寺（即隆善寺，有僧录司）、堂子胡同、三保老爹胡同、绵花胡同、噶噶胡同、陶兽医胡同、正觉寺胡同、大兴左卫、哱啰仓、罗儿胡同，石虎儿胡同、宏善寺、分司厅、白米寺、刘汉胡同、织染局外、井儿胡同、张皇亲街。[4]

积庆坊（位于地安门大街以北的区域）13 条：

战车厂、皇墙西北角、惜薪司北厂、嘉兴寺半藏寺、椿

京師五城坊巷衚衕集序

京師古幽薊之地，左環滄海，右擁太行，北枕居庸，南襟河濟，誠所謂天府之國也。我成祖文皇帝遷都於此，以統萬邦，而撫四夷，爲萬世不拔之鴻基。予見公署所載五城坊巷必録之，遇時俗相傳京師衚衕亦書之，取其大小遠近，采葺成編，名曰京師五城坊巷衚衕集。附載京師八景、古蹟、山川、公署、學校、苑囿、倉場、寺觀、祠廟、壇墓、關梁，皆以次具載於集。分置五城，排列坊巷，又爲總圖於首。披圖而觀，京師之廣，古今之蹟，了然於目，視如指掌。使京師坊巷廣大數十里之外，不出户而可知。庶五城衚衕浩繁幾千條之間，一舉目而畢見。均各備載，編集克成，用工鋟梓，以廣其傳云。時嘉靖庚申孟春竹坡張爵序。

京師五城坊巷衚衕集序　三

《京师五城坊巷胡同集》书影

树胡同、打狗巷、射所、海印寺桥西、富裕卫、兴化寺、沈阳左卫、定府大街、崇国寺街。[5]

《宛署杂记》书影

万历二十一年（1593）宛平县令沈榜刻板印行了《宛署杂记》，记载了当时什刹海地区的街道与胡同。其中，北日中坊23条：

白米斜街、观音堂街、皇墙下街、鼓楼下大街、簪儿胡同、北城墙下大街、浆糨房胡同、豆腐巷、绦儿胡同、新开道街、二条胡同、三条胡同、高贤胡同、鲊子营胡同、妙玄观胡同、西绦儿胡同、南北二街、羊房胡同、房大人胡同、德胜桥、供应厂胡同、海潮庵胡同、稻田。[6]

发祥坊16条：

哱啰仓胡同、三宝胡同、恭四巷口胡同、石虎胡同、宏善寺胡同、刘汉胡同、白米寺街、绵花胡同、德胜门大街、张皇亲胡同、人头井胡同、崇国寺街、栿栿胡同、正觉寺胡同、浣衣局胡同、大街西半边胡同。⑦

积庆坊中属于今什刹海地区的4条：

定府大街、兴化寺胡同、皇墙北大街、椿树胡同。⑧

总计43条胡同，相对于张爵的记载，数量上减少了13条。在称谓上完全相同的是：簪儿胡同、西绦儿胡同、豆腐巷、绵花胡同、正觉寺胡同、崇国寺街、定府大街与椿树胡同8条。如果把石虎儿胡同算进，则为9条。尾缀有变化的是：哱啰仓、张皇亲街、宏善寺与兴化寺4条；大体相近的是：北安门西、德胜门街、妙缘观、稻田清虚仙院、浆绛房胡同、海潮庵胡同、三保老爹、嘎嘎胡同、刘汉胡同等9条。总计有22条相同或者近似的胡同。

见于张爵而不见于沈榜记述的胡同是：北安门西、廊房旗房、越桥海子桥、真武庙火神庙、银锭桥、打鱼厅斜街、甘石桥龙华寺、鲁家胡同、广化寺街、铸钟厂小石桥、司设监外厂、南绦儿胡同、马厂胡同、水关水车、李广桥、望乡台、崇国寺（即隆善寺，有僧录司）、堂子胡同、陶兽医胡同、大兴左卫、分司厅、织染局外、井儿胡同、皇墙西北角、惜薪司北厂、战车厂、嘉兴寺半藏寺、打狗巷、射所、海印寺桥西。总计30条。

同样，见于沈榜不见于张爵记述的胡同是：白米斜街、观音堂街、皇墙下街、鼓楼下大街、北城墙下大街、绦儿胡同、新开道街、二条胡同、三条胡同、高贤胡同、鲊子营胡同、南北二街、羊房胡同、房大人胡同、德胜桥、供应厂胡同、恭四

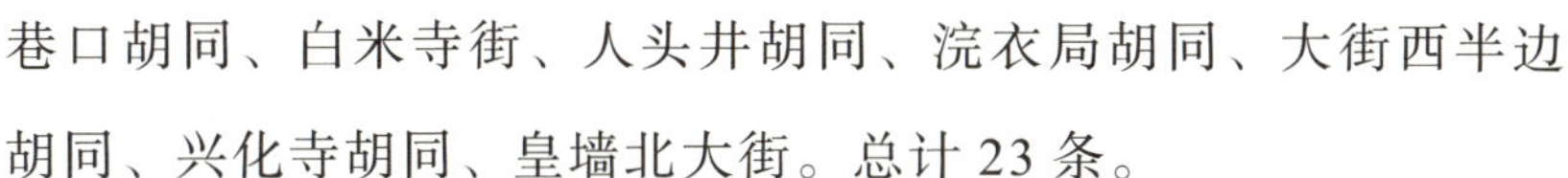

巷口胡同、白米寺街、人头井胡同、浣衣局胡同、大街西半边胡同、兴化寺胡同、皇墙北大街。总计 23 条。

张爵与沈榜的差异两项相加总计 53 条。

从嘉靖三十九年（1560）到万历二十一年（1593），相差不过 33 年，张爵记述的 30 条胡同便不存在了。这些消失的胡同可以分为两类。一类是不规范的街巷名称：北安门西、廊房旗房、越桥海子桥、真武庙火神庙、银锭桥、甘石桥龙华寺、铸钟厂小石桥、司设监外厂、水关水车、李广桥、望乡台、崇国寺（即隆善寺，有僧录司）、大兴左卫、分司厅、织染局外、皇墙西北角、惜薪司北厂、战车厂、嘉兴寺半藏寺、射所、海印寺桥西。这一类有 21 条，属于地片名称，在沈榜的《宛署杂记》中将它们删略，是可以理解的。再一类是规范的街巷名称：鲁家胡同、广化寺街、南缘儿胡同、马厂胡同、堂子胡同、陶兽医胡同、井儿胡同、打鱼厅斜街与打狗巷，总计 9 条，也不见于沈榜的记载。这些街巷有的我们难以判断它的位置，而且不见于后世记载，比如鲁家胡同；有的可以判断出它的位置，比如马厂胡同与广化寺街，马厂胡同应为今之前后马厂胡同，广化寺街因广化寺而得名，即我们所熟悉的鸦儿胡同；而有些街巷，比如陶兽医胡同虽然不见于沈榜的笔端，却仍见于后来的史籍。

相对于张爵，沈榜的记载中多出的街巷集中在今之后海西侧。其中，新开道街相当于现在的新街口大街，二条胡同与三条胡同即今天的板桥二条与板桥三条。在张爵的记载中，什刹海地区中的干道只有德胜门街和北安门西。北安门即地安门，

北安门西即地安门西，属于地域名称，这个地域名称在沈榜的《宛署杂记》中记为皇墙北大街，成为规范的道路名称。相对于张爵，沈榜的记载多出鼓楼下大街（今地安门外大街）和新开道街（今新街口大街）。鼓楼与其下的道路是北京的中轴线，早已存在，但是在张爵的记述中却没有出现，说明其时还没有名称。而新开道街在张爵的时代也许还没有开辟，当然也就不见记载。

无论是张爵还是沈榜，他们的记述虽然有不少差异，但有一点是一致的，即：都没有熊梦祥笔下的斜街，不知是什么原因。张爵在《京师五城坊巷胡同集》中记述的打鱼厅斜街是否为斜街的另一种称呼，需要进一步考证。通过分析张爵与沈榜的记载，可以看出在他们的时代，什刹海地区的道路格局已然基本定型，而且与我们估算的大都时代这一地区街巷的数目大抵相当。这或者暗示我们，明代的道路格局很可能是大都时代的遗存。分析其时什刹海街巷的分布情况，可以看出，在今天的新街口东街以南、地安门西大街以北、柳荫街以西、新街口南大街以东，简而言之，发祥坊内的胡同最为密集，日忠坊的胡同则相对稀疏。但是，同样是稀疏，在日忠坊内也有程度的不同：接近干道的地方相对集中，接近水域的地方相对稀略，金丝套地区则仅有两条。

崇祯十七年（1644），清军入关，什刹海地区依然隶属于宛平县，属于正黄旗的管辖范围，在清朝即将结束的宣统年间改为内右三区管辖。相对于明朝，清时什刹海地区街巷的数量大幅增加。根据绘制于宣统元年（1909）冬天的《详细帝京舆图》[⑨]与刻印于光绪二十三年（1897）秋天的《京师坊巷志稿》[⑩]统

计，这一时期的胡同有：

板桥头条、板桥二条、板桥三条、石板桥（据《京师坊巷志稿》补。以下简称《志稿》）、火药局、半截胡同、蒋养房胡同（《志稿》作浆家房胡同）、正觉寺胡同、苇坑胡同（《志稿》称苇坑）、罐儿胡同（《志稿》称水罐儿胡同）、水车胡同、豆腐巷、抄手胡同（据《志稿》补）、铁香炉、草场大坑、巨罗仓、西水关、水章胡同、天仙庵（据《志稿》补）、廊房胡同（据《志稿》补）、高庙（据《志稿》补）、小铜井（据《志稿》补）、嘎嘎胡同（《志稿》作北嘎嘎胡同）、三不老胡同、太平胡同、百花深处、羊圈、西廊下、东廊下、花枝胡同、罗圈胡同、麻花胡同、护国寺街、马状元胡同、太平仓、仓夹道、铁匠营、枪厂、罗儿胡同、棉花胡同、德胜门大街、德胜桥、药酒葫芦、什刹海、甘水桥、位倓胡同（《志稿》作倓位胡同）、鸦儿胡同（《志稿》作鸭儿胡同）、烟儿胡同（据《志稿》补）、石碑胡同、烟袋斜街、银锭桥（据《志稿》补）、义溜胡同（《志稿》作义留胡同）、白米斜街、河沿（据《志稿》补）、史家楼（据《志稿》补）、南八步口（据《志稿》补）、四

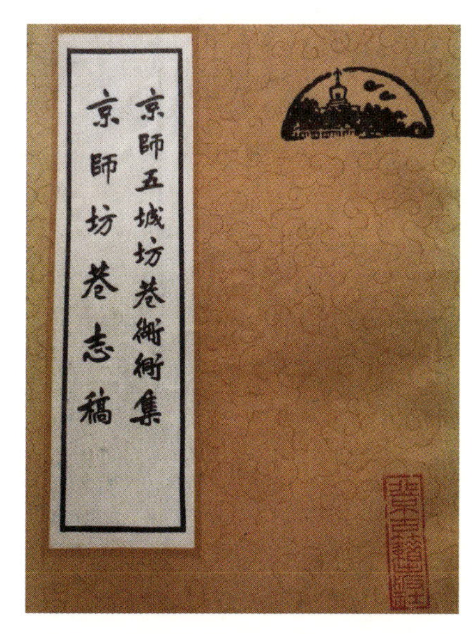

《京师五城坊巷胡同集、京师坊巷志稿》书影

眼井（据《志稿》补）、狗尾巴胡同、羊房胡同、李广桥、石虎胡同、宏善寺、刘海胡同、门楼胡同（据《志稿》补）、张皇亲胡同、散子胡同（《志稿》作馓子）、堂趾胡同（《志稿》作堂子胡同）、定府大街、兴化寺胡同、厂桥、松树街、金家大院、新开路、铜铁厂、口袋胡同（据《志稿》补）、制炮局（据《志稿》补）、扁担胡同（据《志稿》补）、龙头井、南药王庙街、贵人关胡同（《志稿》作鬼门关）、西官房、中官房、东官房、马神庙斜街（据《志稿》补）、羊角灯（《志稿》作大、小羊角灯胡同）、箭杆胡同、大翔凤胡同、小翔凤胡同、东煤厂胡同、西煤厂胡同、毡子房胡同、北官房口、金丝套胡同、井儿胡同、南官房口、三座桥、绦儿胡同（《志稿》作西绦儿胡同）、大石桥、小石桥、后马家厂、前马家厂、酱房大院、果子观、西位胡同、铸钟厂、黑虎胡同、半壁街（据《志稿》补）、大坑（据《志稿》补）、铁影背胡同（据《志稿》补）、八调湾（《志稿》作八条湾）、八步口、井儿胡同（据《志稿》补）、果子市、（鼓楼西）大街（《志稿》作鼓楼西斜街）、北药王庙、旧鼓楼大街、鼓楼大街、地安门（鼓楼大街与地安门，《志稿》作地安门外大街）、地安门外西城根（据《志稿》补）、新街口大街。

总计120条。相对于明万历年间的43条街巷，增加了77条。经过二百多年历史风云变幻，原来的胡同，有些完整地保存下来了，有些发生了细微变化而有迹可寻，有些至少在名称上已经消亡了。保存下来的有：白米斜街、定府大街、簪儿胡同、绦儿胡同、石虎胡同、张皇亲胡同、羊房胡同、兴化寺胡同、豆腐巷和德胜桥。发生变化的有：二条胡同、三条胡同、浆糨房胡同、浣衣局胡同、[illegible]胡同、绵花胡同、宏善寺胡同、哱啰仓胡同、刘汉胡同、三宝胡同、人头井胡同、西绦儿胡同、供应厂胡同、海潮庵胡同、椿树胡同、新开道街、白米寺街、正觉寺街、崇国寺街、德胜门大街、北城墙下大街、皇墙北大街与鼓楼下大街。需要稽考的是：观音堂街、高贤胡同、鲊子营胡同、妙玄观胡同、南北二街、房大人胡同、稻田、恭四巷口胡同、皇墙下街、大街西半边胡同，总计10条，将近占明代什刹海地区胡同的四分之一，其余的四分之三则沿袭下来，增加的街巷不过是对旧有道路格局的补充。当然，区域不同，增加的街巷在数量上也不同，对于局部道路的构成作用也不尽相同。最显著的是柳荫街以东的金丝套地区，在沈榜的记载中只有供应厂与海潮庵两条胡同。前者疑为今天的毡子房胡同，后者即银锭桥胡同的一部分。二百多年以后，增加了大翔凤胡同、小翔凤胡同、东煤厂胡同、西煤厂胡同、北官房口、金丝套胡同、井儿胡同、南官房口。发生这种变化的一个重要原因是，这个地区在明代为供应厂，是明代的内官衙署，入清以后，供应厂被撤销，成为居民住地，胡同自然增多，从而改变了这个地区的道路格局。

建元与胡同更名

1911年，清朝灭亡。次年，民国建元。民国时期的什刹

海地区先后归内右三区与内五区管辖。相对于清光绪年间，这个地区的街巷与胡同再次发生变化，主要为数量的增加。根据1949年北平市图，这个时期增加了62条胡同。增加的方式大致可以分为三类：一类是把前海、后海、西海周围规划为道路，根据方位制定名称，即前海北河沿、前海南河沿、前海西河沿、义溜河沿（位于今前海东岸一带，因处在义溜胡同西口而得名）、后海北河沿、后海南河沿、后海西河沿、西海北河沿、西海南河沿、西海西河沿；再一类是把街巷细分，一分为二，甚至一分为三，根据位置、宽窄、长短进行命名，比如将半截胡同分为大、小半截胡同，火药局胡同分为大、小火药局胡同，罗圈胡同分为前、后罗圈胡同，羊圈胡同分为大、小羊圈胡同，铁匠营分为前、后铁匠营，石碑胡同分为大、小石碑胡同，口袋胡同分为东、西口袋胡同，井儿胡同分为前、后井儿胡同，黑虎胡同分为大、小黑虎胡同，新开路分为大、小新开胡同，李广桥则分为李广桥东街、李广桥西街与李广桥南街；第三类是新增街巷，有邱家胡同、斗鸡坑、藕芽胡同、太平胡同（位于西海北部）、净业寺夹道、铜厂胡同、糖房胡同、糖房大院、段家胡同、西夹道、槐宝庵、海潮庵、慎思胡同（位于前海北河沿，据《北平市邮件投递分区街名一览表》补）、嘉兴寺、东钱串胡同、西钱串胡同、马家楼、兴隆大院、马良大院、羊圈（白米斜街东口南侧）、帽局胡同、冰窖胡同、乐春坊、丁字街、甘水桥大街、北城根、迁善居、果家大院、双寺胡同、清虚观、大绣作、小绣作、香厂胡同、东轿杆、西轿杆、东羊圈、马厂大院、魏家大院、景尔胡同、新开路。这些新增加的道路与胡同有些只是称谓的增加，而实体早已存在，比如丁字街与甘水桥大街均是鼓楼西大街西端的段落，再如北城根与义溜河沿，其实体也早已存在，只是这时才被命名而已。而一些新增加的街巷大多纤细短浅，比如迁善居胡同、义溜胡同、乐春坊、马良胡同，长度都在百米，宽度两米左右，是典型的陋巷。

1928 年，国民政府把北京改为北平，为了消除北京作为六朝帝都的封建遗味，而对地名进行更改。典型的例子是将皇城下面的道路，东皇城根、西皇城根之类的改为东黄城根与西黄城根，易“皇”为“黄”，以示与封建帝制决裂。同时也把许多陈腐鄙俗的街巷名称雅化，以适应时代精神。这股风潮冲击到什刹海地区的结果是，把东廊下改为护国寺东巷、西廊下改为护国寺西巷、定府大街改为定阜大街、张皇亲胡同改为尚勤胡同、馓子胡同改为伞子胡同、药酒葫芦改为孝友胡同、粪箕胡同改为慎思胡同、扁担胡同改为迁善居、井儿胡同改为景儿胡同、箭杆胡同改为千竿胡同、狗尾巴胡同改为观音寺胡同，等等。

1949 年 9 月，中国人民政治协商会议第一届全体会议通过了将中华人民共和国首都设于北京市的决议，同时将北平市改名为北京市。什刹海地区位于西城区，分别由新街口街道办事处与厂桥街道办事处管辖。中华人民共和国成立以后，什刹海地区发生了很大变化：一是将玉河改为暗沟，在其上面修筑道路，即现在的柳荫街；再是把什刹海周围的套河填平，原来被称为“河沿”的道路，由于套河的取消而相应地改叫“沿”，比如“前海西河沿”去“河”而改称“前海西沿”了。

1965 年，北京市政府进行地名整顿。整顿的原则大体是：将细碎的街巷整合为一；删略带有封建色彩的祠庙观堂尾缀；将不规范的地名加上“巷”“胡同”之类的尾缀而使其规范化。经过这次整顿，北京的街巷名称规范了，封建色彩弱化了，同时也精简了；北京旧城区包括关厢地区的道路，由原来的四千余条减少到三千余条。什刹海地区也是这样，通过裁撤合并，减少了大绣作、小绣作、北药王庙、酱坊大院、果子观、甘水桥、果子市大街、丁字街、香厂胡同、大火药局胡同、小火药局胡同、地安门西黄城根、平安里大街、德胜门大街、厂桥、蒋养房、豆腐巷、菊儿胡同、口袋胡同、斗鸡坑、麻花胡同、东羊圈、马厂大院、魏家大院、海潮庵、槐宝庵、马家楼、兴龙大院、小井胡同。其中北药王庙、甘水桥、果子市大街、丁字街、地安门西黄城根、平安里大街、德胜门大街与厂桥属于干道系列，余下的香厂胡同之类属于细窄小巷，虽然在道路系统中的地位不同，但都被合并到一个统一的名称里面去了。通过 1965 年整顿地名，什刹海地区的不少胡同在名称上也发生了变化，比如大石桥、小石桥、铸钟厂、清虚观、东轿杆、西轿杆、甘石桥、八道湾、八步口、铁影壁、迁善居、府夹道、段家大院、观音寺、宏善寺、石虎胡同、金家大院、西钱串胡同、东钱串胡同、李广桥东街、李广桥西街、李广桥南街、四合巷、三座桥、西煤厂、东煤厂、毡子房、北官房、南官房、大金丝套胡同、小金丝套胡同、冰窖胡同、羊圈、抄手胡同、铁香炉、草场大坑、蒋养房横胡同、正觉寺胡同、叵罗仓、航空署街、前铁匠营、后铁匠营、东枪厂大坑、西枪厂大坑、马状元胡同、兴华寺胡同、定阜大街，经过整顿而改称为：大石桥胡同、小石桥胡同、铸钟胡同、清秀巷、东轿杆胡同、西轿杆胡同、甘石桥胡同、小八道湾、八步口胡同、铁影壁胡同、迁善居胡同、后海夹道、棠花胡同、东明胡同、宏善胡同、大石虎胡同、金奖大院、北钱串胡同、南钱串胡同、三座桥胡同、西煤厂胡同、东煤厂胡同、毡子胡同、北官房胡同、南官房胡同、大金丝胡同、小金丝胡同、白米北巷、扬俭胡同、辛勤胡同、铁炉胡同、四环胡同、正觉夹道、正觉胡同、簸箩仓胡同、航空胡同、前铁匠胡同、后铁匠胡同、东枪厂胡同、西枪厂胡同、群力胡同、兴华胡同、定阜街。

在这些改变了名称的道路中，李广桥的变化最富有戏剧性。李广桥一带在明人李东阳的诗中被称为杨柳湾而颇富意趣。但是这里的李广不是汉武帝时抗击匈奴的“飞将军”，而是明代弘治年间的巨珰。这个李广因为善写“符箓”[11]，而受到弘治皇帝的宠爱，后因多行不义而屡遭弹劾，最终失宠自杀。而他所建造并以其名为称的桥梁也受到非议，所谓“奸珰遗秽，桥亦蒙羞”[12]，从而被多次更名。

1950年，为了方便居民出行而把玉河改为暗沟，在上面修筑道路。1965年北京市进行地名整顿，当时负责此项工作的副市长吴晗下令更名：将李广桥东街、四合巷与后海南河沿统称为后海南沿，李广桥西街与李广桥南街，经过反复推敲，改为柳荫街。相对于李东阳笔下的杨柳湾，柳荫街这个名字又折回到历史的原点。

1965年的地名整顿并不是一味精简，而是根据实地情况，

增加了一些新的街巷。在什刹海地区增加了护国寺大院与厂桥胡同。护国寺是北京著名的寺院，与东城区的隆福寺并称，隆福寺称东寺，护国寺称西寺。民国以后，护国寺被逐渐废弃成为居民住地，然而始终没有名称，直到1965年才从街巷的角度被命名。厂桥是德胜门内大街南段，1965年与德胜门大街合并后自然撤销，但是在靠近地安门西大街的南段有一条无名的小巷与五福里接壤，为了保留厂桥这个地名便把这段微小的道路命名为厂桥胡同。

总结1965年的地名整顿，什刹海地区的街巷与胡同在数量上减少了，在名称上也发生不少变化。比如，清虚观改叫清秀巷，宏善寺改称宏善胡同。当然，也有些胡同，比如糖房胡同改为棠花胡同，虽然美丽许多，但在本意的表达上，却增加了几多曲折。但是无论怎样，1965年的地名整顿相对于1966年对地名的"革命"则温和许多。在"文革"的"破四旧"运动中，北京的道路与胡同，也成为"革命"对象。市区的主要道路，包括一些异常琐细的胡同也被红卫兵进行改造，使之适应于他们的理想。什刹海地区自然不能幸免。举其大端，地安门外大街被改为总路线路，新街口南大街被改为红旗路，地安门西大街被改为工农兵西大街，德胜门内大街被改为人民公社路。这样生造的名称与历史完全断裂，使其作为地名应有的本意完全丧失，从而受到人民的抵制。这些包裹着革命的地名，在"文革"末期被陆续撤销，到20世纪80年代基本恢复了历史原貌。

2004年新街口街道办事处与厂桥街道办事处被撤销，新街口街道办事处的东部地区与厂桥办事处合并成立了什刹海街道办事处。从此，什刹海地区由什刹海街道办事处统一管辖。

根据1992年出版的《西城区地名志》与2005年出版的《北京市行政区划地图集》统计，2005年以后，什刹海地区的大街小巷总计有143条。其中，大街9条，街7条，顺城街1条，斜街2条，胡同92条，巷4条，其他28条。相对于20世纪八九十年代减少了义溜与万年两条胡同。

城“海”之间

什刹海地区可以分为南部与北部两片区域，分界线是鼓楼西大街，以北是北部地区，以南是南部地区。

鼓楼西大街

由于受三海（西海、后海、前海）形状的影响，鼓楼西大街也呈现出自西北向东南偏斜的姿态，与东部的旧鼓楼大街、北部的德胜门东大街，构成了以鼓楼西大街为“弦”、旧鼓楼大街为“底”、德胜门大街为“边”的近乎直角三角形的区域。其中，德胜门东大街开辟于“文革”时期，原本是北京的北部城垣。因此，这一片区域内的胡同恰好位于城、“海”之间，从而形成了不同于其他地区的独特风貌。

西绦儿胡同

双寺胡同

在这一片区域内，以东西走向为主要段落的胡同有：西绦胡同、双寺胡同、大石桥胡同、小石桥胡同、后马厂胡同、前马厂胡同、铸钟胡同。之所以说这些胡同具有主要段落，是因为这些胡同还具有次要段落，而且无一例外地保持着南北走向的格局。具体而言，西绦胡同的次要段落与鼓楼西大街相通，双寺胡同与大石桥胡同相通，小石桥胡同与新开胡同、碧峰胡同相通，后马厂胡同与前马厂胡同相通，前马厂胡同与鼓楼西大街相通，铸钟胡同亦与鼓楼西大街相通。

这些胡同是区域中的骨干胡同，它们的集合体构成了这个区域的主体布局。受区域三角形状特征的影响，这些从北向南排列的胡同在东西的长度上，基本是北长南短。最北端的西绦胡同最长，全部长度是 1130 米，减去南北方向的段落，东西长度也有 1000 米左右。最南端的是铸钟胡同，全长 370 米，东西段落与南北段落基本相当，东西长度大约在 180 米，与西绦胡同相比，二者相差有五倍之多。当然也有例外，比如介于西绦与大石桥胡同之间的双寺胡同全长只有 185 米，去掉南北段落，东西长度不过百米有余。

与主要段落为东西走向的胡同相对应的是主要段落为南北走向的胡同。这些胡同是：铁影壁胡同、迁善居胡同、小八道湾胡同、景尔胡同、碧峰胡同、西魏胡同、小黑虎胡同、大黑虎胡同以及主体呈口字形状的清秀巷。这些胡同在区域中处于次要地位，短浅狭窄，长度在百米上下，最长的小黑虎胡同全长 230 米，最短的迁善居胡同只有 88 米；最宽的胡同 4 米，最窄的只有 2 米，是典型的陋巷。

除此之外，还有一些补充性胡同：八步口胡同、果家大院、西绦南巷与新开胡同。前三条胡同都是南北走向，其中果家大院略带曲折，八步口胡同与西绦南巷则是直而又直。八步口的北端是西绦胡同，南端是鼓楼西大街；果家大院与西绦南巷的北端也是西绦胡同，南端是大石桥胡同。这三条胡同的存在，使得西绦胡同与鼓楼西大街、大石桥与小石桥联合成为一体，至少是加强了西绦胡同与鼓楼西大街的关系。新开胡同是一条斜巷，从东北向西南倾斜而下，它的北端是碧峰胡同、小石桥胡同，中部是景尔胡同、后马厂胡同，南端是鼓楼西大街。如果没有这条胡同，那么与它相接的四条小巷，则不能够与鼓楼西大街相通。由此可见新开胡同的重要性。而且从名称上看，

西海

这条胡同的历史应该不会太久，属于晚近开辟的道路。正是由于这个原因，八步口胡同与新开胡同相对周围的胡同较为宽阔。八步口胡同宽至八米，是区域中最宽阔的胡同。

这片区域胡同的主体布局与走向为什么会是这样？其中既有地理的影响，也是城市规划的结果。地理影响即后海的影响。后海是一片从西北向东南偏斜的水域，鼓楼西大街位于后海北部，与后海呈平行的姿态，自然也呈从西北到东南的偏斜。旧鼓楼大街是北京城区重要的干道，德胜门东大街在历史上是北京的北部城垣，“文革”时期被改造为二环路的一个段落，这都是北京进行城市规划与城市建设的结果。两条道路的形态一是从北向南，一是从东向西，均呈直线的姿态。它们的两端分别与鼓楼西大街衔接，或者近乎衔接，从而构成一个不规则的三角形区域。北京的四合院坐北朝南，这就决定了胡同只能是东西走向。这片区域的胡同，至少骨干性的胡同都是这样，力求从东向西笔直延伸，但是，受条件限制，每条胡同的长度必然不同，从而不可避免地出现北部胡同“长”，南部胡同“短”的现象。

受“海”制约的形态

什刹海的三处水面——西海、后海、前海自西北向东南倾斜。具体到每一处水面，也大体如此。由于这个特点，什刹海周围，至少是受其影响的胡同也随之倾斜。

什刹海区域图（转引自《西城区社区地图集》）

1. 西海：北岸——西海北沿、德胜门西顺城街；南岸——西海南沿；西岸——西海西沿；东岸——西海东沿。

2. 后海：北岸——后海北沿、鸦儿胡同、鼓楼西大街、大石碑胡同、孝友胡同；南岸——东明胡同、羊房胡同、后海南沿。

3. 前海：东岸——前海东沿。

其中，西海的东西南北均有自西北向东南倾斜的街巷。后海只有南北。前海最少，只有东岸一条。为什么会这样？这与三处水面的不规则形状有关：西海呈不规则的菱形，后海呈楔形，前海呈倒 C 字形。

这些特点，决定了道路的走向。当然，这些走向，不仅仅

是自西北向东南，还有其他，甚至有反向倾斜的。

1. 西海：无。

2. 后海：后海西沿，自北向西北倾斜。

3. 前海：北岸——前海北沿、南官房胡同、大金丝胡同；南岸——前海南沿、白米斜街。自东北向西南倾斜。

在讨论以上斜街的时候，有两个问题应当引起注意。

1. 这些斜街与各处“海”岸基本上保持平行关系。突出的有两处，一处是后海北岸的街巷：后海北沿、鸦儿胡同、鼓楼

后海望海楼

西大街；一处是前海北岸：前海北沿、南官房胡同、大金丝胡同。它们自东北向西南倾斜，与后海南沿、北官房胡同（自西北向东南倾斜）交织缩结，形成独特的两种反向平行的聚合，这在北京的胡同中是不多见的。

2. 这些斜街以什刹海南北两岸为界，将什刹海历史文物保护区的街巷分为南北两个部分。北部，以鼓楼西大街为界，其北部东西走向的胡同大都是正东正西的态势；南部，以羊房胡同为界，柳荫街以西的街巷，也基本保持了正东正西、正南正北的走向，而不是一味地“斜”下去。这说明，即便是在什刹海这种特殊的地理环境下，北京人也还是尽可能地保持传统。

虽然道路是倾斜的，但是建筑在道路上的院落却并不甘心与其保持一致。典型的例子是南官房胡同 47 号至 53 号，每一处院落的大门均与胡同保持锯齿形状，仿佛河道码头。换言之，院落的大门保持了正南正北的方向，与自东北向西南走向的胡同形成 45 度夹角。而在南官房胡同以北的大金丝胡同，不仅院门、房屋基本采取正南正北方向，甚至连围墙也是如此，院落整体与倾斜的胡同保持了 45 度的关系。比如大金丝胡同的 5 号与 7 号原本是一个院子，它的朝向基本朝南而略微朝东。但是，由于地理环境的限制，南官房南侧的胡同——前海北沿，则不仅街道是斜的，院落是斜的，房屋也是斜的。与前海北岸倾斜的角度，基本保持了一致。

这两种现象说明，在这个区域里由于自然环境的特点，不仅许多胡同的走向受其影响，而且人们居住的环境，具体到院落、房屋也受其影响。但是，尽管如此，居住在这里的人们仍然在追求正南正北朝向，并且最大限度地利用自然环境，从而形成独特的景观。

相对上述区域，柳荫街以西的胡同布局与胡同形态则较为整齐。其中南北走向的干道是德胜门大街，这条大街把这一区域划分为东西两部分。区域东部，胡同以东西走向为多，布局与姿态十分整齐。在这个区域里，南北走向的松树街与东西走向的定阜街，又将区域划分为东、西、南三部分，即松树街以东部分、松树街以西部分和定阜街以南部分。其中松树街以西介于德胜门内大街与松树街之间的胡同有大石虎胡同、弘善胡同、刘海胡同、尚勤胡同与延年胡同。其中大石虎胡同总长242米，均宽4米；弘善胡同总长234米，均宽6米；刘海胡同总长238米，均宽4米；尚勤胡同总长246米，均宽4米；延年胡同总长248米，均宽4米。这些胡同的长度与宽度相差不多，走向则完全一致，从东向西笔直延伸，是什刹海地区少见的规整的胡同群落。

相对于此，松树街以东的胡同既短且窄，在走向上也多弯曲。松树街的东侧是柳荫街，两条街道之间的胡同有金奖胡同、西口袋胡同、小新开胡同、大新开胡同与铜铁厂胡同。这五条胡同，前三条均带有拐角，后两条完全平直。这些胡同中最长的是小新开胡同，总长192米；最短的是西口袋胡同，只有133米；最宽的是金奖胡同，均宽5米；最窄的是西口袋胡同，均宽3米。小新开胡同之所以长，不是因为它的东西长度长，而是因为这条胡同有一个颇大的拐角。

定阜街以南的胡同，在布局上呈现出另一种形态。在这个

区域里，与定阜街平行的是兴华胡同，胡同的南部有六条小巷：东官房胡同、东福寿里、西福寿里、旌勇里、五福里与厂桥胡同。旌勇里与兴华胡同相交，向北延伸至定阜街，南口是地安门西大街。厂桥胡同有两个西口开在德胜门内大街，一个东口开在五福里。其余四条胡同都是南北走向，胡同的开口，其北一律开在兴华胡同，其南也一律（东福寿里与西福寿里共用一个出口）开在地安门西大街。

如同德胜门内大街的东部，其西部也可以划分为三部分。划分的界限有两条道路，一条是南北走向的与德胜门内大街平行的棉花胡同，一条是与德胜门内大街垂直相交的护国寺街。护国寺街以南的部分，南北走向的有护仓胡同、东枪厂胡同、西枪厂胡同；东西走向的有群力胡同；走向曲折的有前、后铁匠胡同。总之是纵大于横。棉花胡同的西部区域，东西走向的胡同有：正觉胡同、航空胡同、新太平胡同、百花深处与大杨家胡同；南北走向的胡同有：护国寺东巷与护国寺西巷；走向曲折的小巷是小杨家胡同。在数量上，虽然东西走向的胡同多于南北走向的胡同，但是“纵”的感觉却更为触目。原因在于以护国寺为名的两条胡同居于区域的核心部位。相对于棉花胡同西部，其东部的胡同较为琐碎。其中东西走向的胡同是：簸箩仓胡同与三不老胡同；曲尺形状的胡同是：花枝胡同；走向混乱的胡同是：永康里、前罗圈胡同、后罗圈胡同与藕芽胡同。最短的胡同是永康里，长度只有 85 米，最窄的也是永康里，均宽只有 2 米，窳败而破烂。

消泯于王府的高墙之下

由于什刹海地区优美的自然环境，自明代以来，在这里陆续兴建了大量的贵族府第。这些建筑群落由于占地广阔，对周围的胡同也产生了或强或弱的影响。

在明代，什刹海地区中最著名的是徐达后裔的定国公府。定国公府所在的街巷，当时叫定府大街。入清以后，改称定府楼街。民国以后，将“府”改为“阜”，称定阜大街。现称定阜街。成化二十三年（1487），兴济人张峦之女被选为太子妃。同年，太子即位，是为孝宗，册封张氏为皇后，于是泽及后族。先是追封张峦为昌国公，后又赐封张后之弟鹤龄为寿宁侯、延龄为建昌伯。据考，张延龄的府第也在这里，即张皇亲胡同，民国以后改称尚勤胡同。这些府第由于历史久远，府址难以稽考，对胡同的影响至多只能见之于名称，不像清代相对晚出的王公府第，对胡同的扰乱还可以考察出来。

1. 庆王府。原为大学士琦善宅。道光二十年（1840），琦善被任命为钦差大臣到广州与英使议和，因擅许割让香港被查办籍没家产，府第由此闲置。咸丰元年（1851），奕劻被赐居于此。光绪十年（1884），奕劻晋封为庆郡王；二十年（1894），晋封为庆亲王；三十四年（1908），晋封为世袭罔替庆亲王。其所居之处称庆王府，奕劻在这里生活了六十余年，

对所居府第大兴土木进行扩建。查阅光绪三十四年（1908）《详细帝京舆图》，在庆王府的后身还绘有堂子胡同，而在宣统年间绘制的北京城地图中，堂子胡同便消失了，被奕劻圈入府中。

2. 醇亲王府。原为大学士明珠府，乾隆末年赐予乾隆第十一子成亲王永瑆。永瑆按照王府的规制大兴土木，不但修筑了五间正门，还构建了大殿、神殿、佛堂、祠堂等建筑。但是，成亲王永瑆不是“世袭罔替”，因此传至后裔贝子毓橚时，府邸由内务府收回。光绪十四年（1888）又改赐醇亲王奕譞，作为醇亲王新府，再次改建。

大臣的宅第与王府不同，明珠府改为王府之后在建制上必然要提高到王府的等级而有所改建。乾隆十五年（1750）京城全图中，在明珠府的南面有一条簪儿胡同，由西北向东南迤逦而下。在尔后的地图，比如光绪三十四年（1908）地图中，簪儿胡同已被截为两半，东部段落至王府东墙，西部段落至王府西墙。这样，簪儿胡同便一分为二，成为断头胡同，名称也随之改变。西部段落称药酒胡同，民国后谐音孝友胡同；东部段落称甘水桥胡同，后改为甘露胡同。但是如果仔细观察，依然可以发现，醇亲王府马号院内的甬道，依旧与甘露胡同相对。换言之，仍然可以看出簪儿胡同消失的段落。

3. 恭王府。原为和珅府。嘉庆四年（1799），和珅被抄家籍产，此府被赐予庆郡王永璘，时称庆王府。咸丰元年（1851），此府又被赐予恭亲王奕䜣，遂称恭王府。

4. 罗王府。也称阿拉善王府。最初的府主是元太祖的兄弟哈巴图哈萨尔的后裔阿宝。康熙四十三年（1704）阿宝尚郡主，赐第京师。雍正二年（1724），阿宝击准噶尔有功，封多罗郡王。阿宝的第二个儿子罗卜藏多尔济，在乾隆二十二年（1757），以军功晋多罗郡王，三十年（1765）晋和硕亲王，四十七年（1782）诏世袭罔替，此府遂称罗王府。

恭王府与罗王府是两座比邻王府，前者的东墙与后者的西墙构成一条狭窄小巷，成为两府之间的夹道。而在《红楼梦》中，荣国府与宁国府之间也有一条夹道，因此有些红学家认为恭王府就是荣国府的原型。

1949 年中华人民共和国成立以后，罗王府改为公安部宿舍，在夹道处盖楼，府夹道也就不存在了。

简言之，这些王府的兴建，改变了与其相邻胡同的实体。比如庆亲王府后身的堂子胡同，醇亲王府南面的簪儿胡同，前者彻底成为王府的一部分，后者虽有残余，但名称完全变了，因为胡同的实体变了，不再是细长的簪子形状。府夹道的兴替也与王府的兴亡有关。王府存在它也存在，王府消亡了，它也随之消亡。这些消亡，有的是实体消亡，比如恭王府与罗王府之间的夹道；有的是名称的消亡，比如醇亲王府西侧的胡同，原称府夹道，随着清王朝的覆灭，醇亲王府作为王府（不是指建筑实体）也随之消亡，府夹道也由是改为西夹道，意思是西侧的小胡同。是哪里的西侧呢？缺失了方位的坐标。1965 年，“革命”的人们认为这样的名称仍然不彻底，难免令人产生王府

的联想而改为后海夹道，只与“海”有关而与王府断绝任何关系了。

当然，还有其他一些因素，比如庙宇的影响。清光绪十六年（1890）醇贤亲王奕谖逝世，光绪皇帝发布上谕为奕谖建祠、修墓。祠位于醇亲王府的北部、西绦胡同的南侧、大石桥胡同的西端。但是，祠建好以后，奕谖并没有入祀。民国三年（1914），北洋政府在祠的后寝祭祀关羽、岳飞，改称关岳庙。日伪时期改称武庙。现在为西藏驻京办事处，是北京市文物保护单位。由于这座庙的存在阻断了大石桥胡同的西段，大石桥胡同只能通过八道湾而与鼓楼西大街相通了。

甘露胡同

我们知道，乾隆时期，居住于前海西部的权臣和珅，为了出入方便，仿照苏轼在杭州西湖修筑苏堤，在前海南北方向垒筑了一道土堤，时称和堤。这样，前海西部便独立出一块不大的水域，称西小海。西小海西岸，宣统年间称西河沿。民国时期称前海西河沿。20 世纪 50 年代，西小海被填平，建起了北京市什刹海体育运动学校。照理，西小海消失，前海西沿的地名也应随之消失，但是没有。在相当于过去和堤的位置，这一地名被保留下来。换言之，和堤成了前海西沿，而原本被称作前海西河沿的街道，被改称为前海西街。这就是说，原来的前海西沿，就街道的实体而言，虽然没有什么变化，但名称却改变了，因为它不再临“海”，这是一方面。另一方面，作为前海西沿而言，它的街道实体却发生了变化，因为它原本是“海”中的土堤。

注释：

①钱玄、钱兴寄、王华宝、谢秉洪注释：《周礼》，岳麓书社，2001 年 7 月，第 429 页。

②北京什刹海研究会、什刹海风景区管理处编著：《诗文荟萃什刹海》，北京出版社，1998 年 1 月，第 56 页。

③④⑤［明］张爵辑：《京师五城坊巷胡同集》，北京古籍出版社，1983 年 5 月，第 19、19、7 页。

⑥⑦⑧［明］沈榜编著：《宛署杂记》，北京古籍出版社，1980 年 11 月，第 38、37、37 页。

⑨［清］《详细帝京舆图》，光绪三十四年（1908）中国画报出版社以《老北京胡同详细图》名义影印出版。

⑩［清］朱一新辑：《京师坊巷志稿》，1983 年 5 月。

⑪⑫见［清］法式善：《存素堂文集》，转引自陈宗蕃：《燕都丛考》，北京古籍出版社，1991 年 10 月，第 408、408 页。

第二章◎细说胡同

王冕是我们熟知的历史人物，生活在元末明初。他以画梅、咏梅闻名，他吟哦梅花的名句“不要人夸颜色好，只留清气满乾坤”至今为人称颂。这么一位历史人物在游览大都的时候与当时的大文人危素有过一次诡异的见面：

危素为翰林学士，居钟楼街。会稽王山农冕游大都，尝见其文而不相识。一日，危骑而过山农所，与之坐，不问其姓名。徐曰："君非钟楼街住耶？"危曰："然。"不出他语而罢。人问之，山农曰："吾观其文有诡气，目其人举止亦然，料知必危太朴也。"[①]

危素是元朝的一位官员，金溪人，字太朴，少通五经，做过其时的翰林承旨，在明军攻入大都的时候跳入一座古寺的水井准备自尽，却被寺里的和尚救出来而没有死。原因是和尚对他说了一句话，大意是你熟悉元朝的历史，如果你死了，元朝的历史便没有人撰写了。危素认为他说得有道理，于是降明做了朱元璋的翰林侍讲学士。一日，朱元璋踞于殿中东间，危素从"帘外"走过——大概是夏天，殿门悬挂着帘子，履声橐橐然，惊动了朱元璋，便问是何人，对曰："老臣危素。"危素自称老臣，朱元璋很不高兴，于是讥讽说："原来是你，我还以为是文天祥呢！"不久，朱元璋把他贬斥到和州为余阙守庙。余阙是一位忠于元室的臣子，为元朝尽了臣节。让同样做过元朝官员的危素去为其守庙，自然是一种羞辱。据说，不到一年多的时间，危素便抑郁而终。他所住过的钟楼街便是今天的旧鼓楼大街，是东城与西城的分界线之一，是什刹海地区的东部界限。

根据自然环境与道路状态，什刹海地区大体上可以划分为七部分。第一部分：鼓楼西大街北部；第二部分：后海北岸一带；第三部分：新街口东部；第四部分：护国寺区域；第五部分：柳荫街西部；第六部分：金丝套；第七部分：地安门外大街两侧的胡同。区域不同，胡同的数量与形态也不尽相同，具

体到每一条胡同的发生、发展与名称的演变自然更是不同。

北部的街巷

鼓楼西大街是一条斜街，自西北向东南蜿蜒，与东部的旧鼓楼大街、北部的德胜门东大街构成一片不规则的三角形。

在这片三角形的区域内有三条大街，十九条胡同，一巷，一湾，一院。三条大街是：鼓楼西大街、旧鼓楼大街与德胜门东大街，构成了区域的外部轮廓，而那些小巷与胡同则组成了内部网络。

暮色中的前马场胡同

为了叙述的方便，我们从鼓楼西大街说起。

鼓楼西大街，东南始于地安门外大街，西北抵至德胜门内大街，自西北向东南倾斜，元朝称斜街，是大都的商业区，泛称斜街市。入清以后，乾隆十五年（1750）京城全图中无称。到了清末，《光绪顺天府志》中，称鼓楼西斜街。宣统年间的北京地图中分为两段，东段称鼓楼西大街，西段称果子市大街。民国时期将两段分为四个段落，即：鼓楼西大街、甘水桥大街、果子市大街与丁字街。其中：鼓楼西大街，位于鼓楼至西魏胡同南口。甘水桥大街，在今天的甘露胡同一带，历史上这里有一条枯渠，其上架设石桥，于是将这座下面没有水的石桥，循名责实地称为干水桥，后来把“干”改为“甘”。北京城内叫甘水桥的地方颇多，最著名的位于安贞桥南面，至今仍作为地域名称而使用。果子市大街，位于小八道湾以西，民国时期此地有大型的水果市场，称“北市”。丁字街，位于鼓楼西大街与德胜门大街交汇以东的段落，这段道路北部无口，东、西、南方向均有出口，状如“丁”字，故以形名。1965 年，这四个段落合并，统为今称。

鼓楼西大街历史悠久，古迹众多。仅就寺庙而言，便有万寿弥陀寺、寿明寺、关岳庙、果子观、佑圣寺、瑞应寺、广仁寺、福德庵、真武庙、万寿五圣禅林等。

鼓楼西大街的北侧是德胜门东大街。这条大街从旧鼓楼大街起，至德胜门立交桥止，其址原是明洪武初年所修建的北京内城北部城墙的一部分。1969 年修建地铁，把城墙拆除，于其上修筑环城道路，即北京市第二条环行道路，简称二环路。

1980 年底全线快车道建成通车。1981 年又继续修建部分匝道、慢车道和人行步道。同年，将二环路分段命名，其中德胜门至旧鼓楼大街段称德胜门东大街，德胜门至西直门内大街段称德胜门西大街。德胜门东、西大街的北侧为北京内城的北护城河。中间尚有德胜门箭楼，保存完好。

连接鼓楼西大街与德胜门东大街的是旧鼓楼大街。与鼓楼西大街一样，旧鼓楼大街也是在元代形成的道路。这条道路虽然形成于元代，但是其时并无名称，在清乾隆年间的《京城全图》中始见记载，称药王庙街，是因街道北端西侧有药王庙而得名。此庙处于城市北部，俗称北药王庙。清末，这条道路分为两段，以大石桥胡同东口为界，北段称北药王庙，南段称旧鼓楼大街。为何叫这个名称？因为元代的鼓楼位于此街南端，塌毁后，明永乐年间，于其东即今鼓楼位置重建。元代鼓楼相对于明代鼓楼为旧物，其所在街道便称为旧鼓楼大街。1950 年 11 月底，为解决交通问题，政府将药王庙（部分）拆除，并于城墙上开辟豁口，称 3 号豁口。1965 年，将南北两段合并，统称旧鼓楼大街。1969 年修建地下铁道时，将城墙全部拆除，此街遂成为南北通行的重要道路。

旧鼓楼大街原为土路，1953 年改建为宽度在五米至七米之间的沥青路面。1960 年改铺沥青碎石路面。1978 年全线翻建成为宽七米的行车路面。1987 年北端拓宽至 14 米，全线路面重新铺筑沥青。2004 年 6 月开始再次改造，道路再次展宽，原来临街的建筑基本消失而非复旧貌。

旧鼓楼大街是这一区域许多胡同的东部端点，如西绦，双寺，大、小石桥，前、后马厂、小黑虎、铸钟胡同以及清虚巷，均是从旧鼓楼大街开端，逐渐向西蔓延开去。这些胡同相互平行，为了行路的方便，不少胡同在中部或西段南折，形成曲尺形状的小巷。其中，最北端的是西绦胡同。这条胡同，西端南折至鼓楼西大街。明张爵《京师五城坊巷胡同集》中称西绦儿胡同。清朝末年，去“儿”字，简化为西绦胡同，与东城区的中绦胡同首尾相连。再向东是东绦胡同，曾经是北部城垣之下（今之二环路以南）的重要通道。

1965年于西绦胡同59号发掘出一所元代平民的房屋遗址，屋内仅有一灶、一炕、一石臼，墙壁为碎砖块砌成，屋内地面低于门40厘米。1972年又于西绦胡同东口以西150米处的北侧，发掘出元代遗址一处。残存的遗址为长条形，长34.6米，宽11米，面积为380.6平方米。西南部有一砖砌台基，有散水及明沟，台基上东南、西、北方向有房基遗存。出土器物有龙泉窑的菊花叶洗、双桃盘、小花卉罐、高足杯、青花碗、钧窑水盂、黑陶罐等。

胡同为什么以“绦”为称？绦即绦子，北京人称绦儿，是一种细长的编织物，缀在衣物的边缘。西绦胡同以及其东部的中绦胡同、东绦胡同都是东西走向的细长道路，其中西绦胡同的长度是1130米，南北的宽度却只有6米，东西与南北的比例将近200∶1，因此以“绦”为称是十分贴切的。

西绦胡同的南侧是双寺胡同。双寺胡同的西端向南转折，折至大石桥胡同。此巷原是大石桥胡同的一部分，民国以后析出，因内有双寺故称双寺胡同。《京师坊巷志稿》载：“双寺，东曰嘉慈，西曰广济，明成化时建。”②胡同内的 11 号即双寺，后改为双寺小学，因为多年坚持学习雷锋而成绩突出，1990 年 3 月 5 日被北京市政府文教办公室、北京市教育局命名为雷锋小学。今校门改辟于西绦胡同甲 2 号。

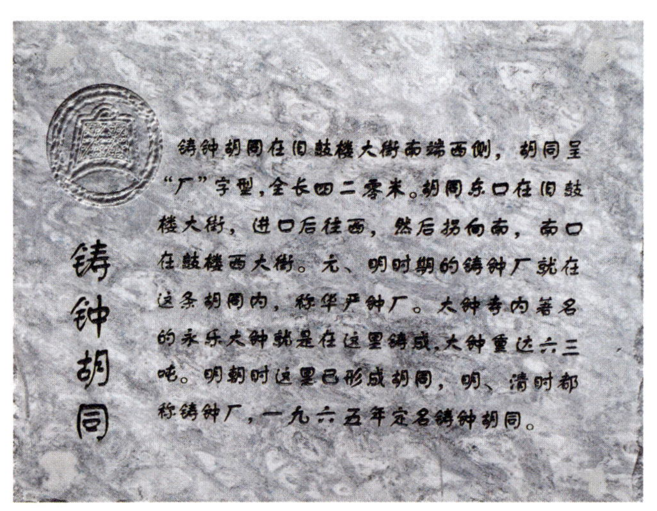

镶嵌在铸钟胡同路口墙壁上的说明牌

西绦胡同与双寺胡同之间是西绦南巷与果家大院，这两条胡同都是南北方向的小巷。西绦南巷，清时称半壁街，可能当时这里只有一侧有院落，另一侧为空旷之地。此巷位于西绦胡同的南面 ，故在 1965 年改今名。果家大院一说原称郭家大院，以姓氏得名，后改今名，并将胡同的实体向北延伸至西绦胡同。

作为双寺胡同原发点的大石桥胡同，东起旧鼓楼大街，西不通行。胡同的南北两侧多口，北部分别与双寺胡同、西绦南巷、果家大院相通，南部分别与碧峰胡同、景尔胡同、小八道

湾相通。大石桥胡同，在清乾隆《京城全图》中，分为东西两段，东称大石桥胡同，西称大井儿胡同。晚清统称大石桥。民国时将北侧支巷析出。1965 年定名为大石桥胡同。胡同内的 23 号原为妙缘观，31 号原为崇阳庵，61 号原为拈花寺。拈花寺现在被中国人民大学印刷厂使用。2010 年元月发生火灾，一座配殿被烧得仅余骨架。

与大石桥胡同对应的小石桥胡同在明代也已出现，称小石桥。清乾隆时改为今称。民国时期将南侧的支巷析出，称碧峰寺，其余部分仍然沿用小石桥之称，1965 年改今称。胡同内有竹园宾馆，是清末邮传部部长盛宣怀的盛园，1949 年以后，董必武于此居住。董必武搬走以后，康生住到这里。与大石桥相比，在路幅上，小石桥略窄，中有折弯，但没有繁杂的出口，其西端与碧峰胡同和新开胡同相连。

小石桥胡同内盛宣怀故居现在是竹园宾馆

大石桥胡同

小石桥胡同的南侧是前马厂胡同与后马厂胡同。前马厂胡同由东西与南北两部分组成，南北方向的段落旧称果子观，东西方向的段落与后马厂胡同在明朝统称马厂胡同。马厂胡同在清乾隆时期析为两条，此处的胡同居于南边，称前马家厂，北边的胡同称后马家厂。马家厂相对于马厂多了一个“家”字，到了光绪年间，这个“家”字又被撤掉，称前马厂与后马厂。1965 年，前马厂与果子观合并改为今称。与西绦胡同一样，前马厂也是在西段的位置南折至鼓楼西大街。

前马厂胡同的南侧是铸钟胡同与大、小黑虎胡同。铸钟胡同鲜明地分为东西与南北两个段落，西端南折至鼓楼西大街。明时的铸钟厂设置在这里，因此就叫铸钟厂。至今悬挂在钟楼

上面的大钟即铸于此。大钟寺（觉生寺）的永乐大钟，亦铸于此。清乾隆年间曾称铸钟厂胡同。1965年改今称。铸钟胡同的西侧是北魏胡同，也是一条曲折的小巷。这条小巷以铸钟胡同为始点，西端南折至鼓楼西大街。清代叫西位胡同，民国以后谐音今名，改“位”为“魏”。

相对于铸钟胡同，大黑虎胡同与小黑虎胡同无论是东西还是南北段落均缩短不少。小黑虎胡同东起旧鼓楼大街，西端北折至铸钟胡同，乾隆时称黑虎儿胡同。清末将“儿”略去，称黑虎胡同。民国时析为大、小黑虎胡同，此胡同在北，宽度略窄，均宽2米，故以“小”称。大黑虎胡同略宽，均宽3米，故以“大”称。小黑虎胡同中的24、26号原为金炉圣母铸钟娘娘庙，因早改为民居而面目全非。

大黑虎胡同的南侧是清秀巷。这条小巷宛如一面刀旗，东部是旗柄，西部呈回字形。胡同西端的19、21号原为清虚观。四面的小巷应该是围绕清虚观而形成的道路。在明张爵的《京师五城坊巷胡同集》中，此处作“清虚仙院”，大概其时附近多稻田，故而在清虚仙院之前又加上“稻田”一词，遂有“稻田清虚仙院”之称。民国时称清虚观，1965年改今称，其地也一扫田园与世外风光，成为拥窄陋巷。在《红楼梦》中贾母携带宝玉、黛玉等人去一个叫清虚观的地方打醮，主张恭王府即贾府的红学家认为这里的清虚观即是《红楼梦》中的原型。

清秀巷的南部有两条死巷，即东轿杆胡同与西轿杆胡同。这两条胡同的北端均不通行，南端均是鼓楼西大街。前者长50米，均宽4米；后者长30米，均宽4米。两条胡同不仅相互平行，而且相距甚近，宛如旧时轿杆，故称。这是两条极小的胡同，如果不细心寻找，是很难发现的。

除以上胡同外，马场胡同西侧尚有碧峰胡同、景尔胡同、新开胡同。碧峰胡同，在清代是小石桥的一部分，民国以后因胡同北侧有碧峰寺得名。1965 年将新开胡同的部分段落并入而定今称。这条胡同东起新开胡同，西端北折，与大石桥胡同、景尔胡同相连。碧峰胡同的西侧是景尔胡同，清代称井儿胡同，民国以后谐音今名。胡同的东端亦是新开胡同，西端是小八道湾。小八道湾，顾名思义是一条曲折多弯的陋巷。《京师坊巷志稿》作八条湾，宣统年间作八道湾，1965 年加“小”字，以有别于新街口附近的八道湾。这条小巷北起大石桥，南至鼓楼西大街。与碧峰胡同、景尔胡同不同，连接它们的新开胡同是一条从北向南倾斜的胡同，形成于民国时期，初称新开路，1949 年后改称南新开路，1965 年定今名。相对于前、后马厂，这一带的胡同曲折琐碎，是没有经过规划而自发形成的胡同。

以上是八步口胡同以东的胡同。八步口胡同是一条南北方向的胡同，北端是西绦胡同，南端是鼓楼西大街。在《京师坊巷志稿》中叫八步口，1965 年定今称。胡同的东侧是西藏驻京办事处。八步口胡同长 230 米，宽 8 米，在鼓楼西大街以北众多的胡同中，宽度最大。

八步口胡同以西有迁善居胡同与铁影壁胡同。迁善居胡同东端是八步口胡同，西不通行。民国时叫迁善居，无“胡同”二字，1965 年定今称。其西北的铁影壁胡同，在北京是一条著名的胡同。这条胡同的东端是八步口胡同，西部南折至鼓楼西大街，光绪年间作铁影背胡同，宣统年间称铁影壁。影壁与“影背”实为一物，只是在北京人的口语中“壁”读为“背”，1965年改今称。胡同内的19号为护国德胜庵旧址，寺前原有石雕影壁，质地为中性火山岩，玄红如铁，故以铁相称。铁影壁为元代旧物，立于德胜门外的龙王庙前，明代移至德胜庵。传云，北京风沙肆虐，多由风婆云童作祟。有两条龙变成翁媪，制服了风婆与云童，人们感念这两条龙，于是铸造了这座影壁。影壁的形状是，上丰下窄，高1.89米，长3.5米，脊吻瓦檐，两面各雕一只狻猊踏于波浪之上，狻猊在民间传说中讹为龙。1948年，铁影壁被移至北海澂观堂前，德胜庵也早已改作民居。

后海北岸

后海北岸这一区域的北部是鼓楼西大街，南部是后海北沿，西部是德胜门内大街，从西北到东南倾斜。区域分为两部分，一部分是后海西岸滨海胡同一带，一部分是后海北岸一带。后海北岸的主要道路是鸦儿胡同。鸦儿胡同之“鸦”有人称是“沿”的音转，“沿”指物体的边沿，由此可推断这里过去是后海的北岸，也就是说，鸦儿胡同以南曾经是水域。

区域内有一条大街、六条胡同、三条海沿、一座大院与一条夹道。

区域的西部是德胜门内大街。此街北起鼓楼西大街，南至地安门西大街，是位于后海与西海（积水潭）之间的街道。元代的积水潭较之明代的什刹海水域浩淼许多，水面连为一体。明洪武初，修筑北城墙，北部水域被阻隔在城外。明中叶以后，上游水源减少，水位下降，西海与后海之间逐渐分开，仅存一条纤细的河道。由于水位的变化和交通的需要，在河道处修筑了德胜桥，从而沟通了南北两岸，成为通衢，这就是德胜门内大街的由来。明代称德胜门街。清代分为两段，北段仍称德胜门街，南段（护国寺街以南）称长桥街，民国时期改称厂桥。1949年以后，两段合并，称德胜门大街。1965年将东羊圈、马家大院、魏家大院并入，统称德胜门内大街。“文革”中曾一度易名人民公社路。

德胜门内大街北端是德胜门箭楼；中部有德胜桥，是西海与后海的分界。桥两侧有稻田，久已消泯。旧时周围多庙宇与私家园林，如漫园、杨园、刘茂才园、永泉庵、佑圣寺、真武庙等。清代正黄旗满洲都统署曾设于德胜桥南。2007年6月开始对德胜门内大街进行改建，2008年12月3日竣工通车，路幅在24米到36米之间，成为城市的次干道，而非复旧观。

德胜门内大街东侧是后海，围绕后海的北侧与西侧分别是后海北沿与后海西沿。后海北沿，东南起小石碑胡同，西北至孝友胡同，自西北向东南倾斜。民国时期称后海北河沿，1965年改今名。东南端有银锭桥，是前海与后海的分界；北侧与甘露胡同、后海夹道、孝友胡同相交。后海北沿有宋庆龄故居、醇亲王府（摄政王府）、大藏龙华寺（现被北海幼儿园使用）。18号院原为中国地学会旧址，20世纪末三海房地产开发公司将其拆除。后海西沿，北起孝友胡同，西折至德胜门内大街，呈

"U"形。民国时期称西海北河沿，1965年改今称。

后海北沿北侧是鸦儿胡同，明称广化寺街，因广化寺得名。清乾隆《京城全图》与朱一新《京师坊巷志稿》中称鸭儿胡同，《京师坊巷志稿》又注："鸭或作鸦。"宣统年间北京城图[③]中"鸭"写为"鸦"，至今未变。鸦儿胡同31号为广化寺，北京市佛教协会与北京市佛教音乐团设于寺内。20世纪末，房地产开发公司在鸦儿胡同以危旧房改造立项，拆除部分平房，新建四合院，胡同旧貌受到严重破坏。鸦儿胡同东起小石碑胡同，西至甘露胡同。当时的胡同较现在要长，由东南向西北延伸，与簪儿胡同相连。乾隆时期将簪儿胡同的明珠府邸改赐给十一子永瑆，将原来的大臣府第升格为王府。清朝末年，此府又改赐

鸦儿胡同

给醇亲王奕譞，再次扩建。在这两次改建中，鸦儿胡同受其影响，西段被王府占用，中段部分改为甘水桥胡同（1965 年改称甘露胡同），只有胡同的东段保存下来。

甘露胡同，北起鼓楼西大街，中间曲折，南至后海北沿。明代称乾石桥，清代称甘水桥胡同，民国时期一度简称甘水桥，1965 年定今名。甘露胡同南口、摄政王府稍东，原有一处狭小的水域，上架青石小桥。宣统二年（1910）二月，汪精卫、黄复生与喻培伦于桥下埋藏炸弹，谋炸摄政王载沣未果。20 世纪 50 年代，将水域填平，桥亦被拆除。

甘露胡同的西侧是后海夹道。这是一条笔直的小胡同，宣统年间称府夹道，是醇亲王府西墙下的一条狭窄通道。民国时破除皇权思想改叫西夹道。1965 年因在后海北岸而改今名。后海夹道北起鼓楼西大街，南至后海北沿，与其毗邻的胡同有孝友胡同与棠花胡同。

棠花胡同，北起鼓楼西大街，南部西折至德胜门内大街，曲尺形状。胡同的南北段落原叫糖房胡同，东西段落叫糖房大院，1965 年统为今名，并把南部的段家胡同改为糖房大院。为了相互对应，将糖果的“糖”谐音为海棠的“棠”，且加花字，成为一个美丽的地理名称了。

孝友胡同，亦是一条异形胡同，既有南北段落也有东西段落，北口通鼓楼西大街，南口至后海北沿，西口与棠花胡同相通。原为狭长形状，自西北向东南延伸，与东南方向的鸦儿胡同连通，明代称簪儿胡同。入清以后，因明珠府改建为王府，其东南段被占用，胡同被迫南折，向后海北沿延伸，从而形成曲折走向。清朝中叶，其西段有一酒铺，号北义兴，所鬻玫瑰露酒十分出名。因毗邻成亲王永瑆府邸，故永瑆时常微服至此，于嘉庆六年（1801）书赠“春在水之乡”的横匾，悬于店内，为酒店增色不少。北义兴所售药酒颇有影响，其销售的“四消酒”对消食、消水、消暑、消气非常有效。永瑆是乾隆十一子，因其诗歌精洁而为士大夫所推崇，然而这个人好以权术驭人，不讲信用，为人忮刻，嗜财如命，不被乾隆喜欢，但是乾隆又深爱其才，因此经常幸其府邸，地以物重，晚清时此巷改作药酒葫芦胡同。民国时期北义兴迁至鼓楼西大街北侧后，此巷谐音为孝友胡同。孝友胡同内有心华寺，后改作孝友小学，曾是九门小吃的所在地。

孝友胡同的南部是糖房大院。糖房大院，北起孝友胡同，南至滨海胡同。宣统时期称段家胡同，据金受申《老北京的生活》记载，卖“坎离砂”的溥安堂段家曾经居住于此。1965 年改今称。其 27 号为什刹海寺，始建于明万历年间。《帝京景物略》《天府广记》《日下旧闻考》《京师坊巷志稿》《天咫偶闻》中均有关于此寺的记载。清乾隆时期的纪昀在《阅微草堂笔记》里记载了一段他在寺中夜宿而带有诡异色彩的故事。为什么以“什刹海”作为寺名呢？究竟是先有什刹海寺，“海”以寺名，还是先有什刹海，而寺以“海”称？

再往南，糖房大院的南部是滨海胡同、东明胡同与羊房胡同。滨海胡同原是段家胡同一部分，因与后海毗连，1965 年改今名。此胡同东起后海西沿，西至德胜门内大街。东明胡同，西起德胜门大街，北至后海，南至羊房胡同，胡同短窄，主体呈曲尺形状，乾隆《京城全图》依其形状，记作狗尾巴胡同。因胡同内有一座观音寺，清末改称观音寺，1965年改今称。羊房胡同是区域内最南端的胡同，明代始称，今沿用未改。胡同内的3、5、7号原为马灵官庙；9号原为中药王庙，今为航鑫园宾馆；38号原为赐福禅林。此胡同与后海南沿相接，是从德胜门内大街进入后海南部区域的重要通道。

新街口东部

新街口东部区域的核心部分是西海。由于西海的缘故，这个区域的道路都有些偏斜。这里的许多胡同因水得名。诸如水车胡同、水章胡同、苇坑胡同、板桥头条，等等。而有些胡同，比如四环胡同，曾叫草场大坑，也与水有关。这说明，以上这些与水相关的名称，或许曾经是“海面”，在“海面”退缩以后留下一些残留，也就是坑，后逐渐衍化为居民住地。在历史上，西海的水浪，是应该波及今天某些胡同与院落的。

区域内有两条大街、一条街、一条顺城街、十二条胡同、三条条、四条海沿与一条夹道。

区域西是新街口北大街，这条大街北起德胜门西大街，南至西直门内大街。明《宛署杂记》作新开道街。此街北端元代为积水潭水域，明以后积水潭水面缩小并逐渐演变为陆地，后于此筑路，形成街道。相对于旧有街巷，乃称新开道街。南端的新街口也由此派生。清朝称新街口北街，民国称新街口北大街，“文革”中一度易名为红旗路。

区域北端是旧时北京内城的北部城墙，1950 年 11 月开辟豁口，时称 4 号豁口，并向北方筑路。1952 年修建成宽 9 米的简易路；1953 年铺为碎石路；1954 年将城墙豁口由 9 米拓宽为 20 米，对碎石路面铺筑沥青；1966 年拓宽为 16 米的南北通衢；从 2002 年夏天开始，新街口北大街西边临街的店铺纷纷拆迁，街道再向西拓宽路面。

新街口北大街的东南是新街口东街。

新街口东街，东起德胜门大街，西至新街口北大街。明称浣衣局胡同，或浆绛房。浣衣局是明内府二十四衙门之一，是为内府清洗衣物的机构。刘若愚《酌中志》云：“惟此署不在皇城区内，在德胜门迤西，俗称浆家房者是也。”旧时，衣物洗涤后有时要在糨水中浆揉一遍，使之干燥后挺括平整。《宛署杂

新街口东街

记》记作浆糨房。清代，谐音改称蒋养房。1965 年以其位于新街口东侧而改今称。

1985 年，在新街口东街发掘出一座金代墓葬，东西长 0.95 米，宽 0.88 米，高 0.7 米。四壁用单面沟纹砖二铺一立垒砌，壁涂石灰，底纵铺砖，顶封石盖板。墓室正中遗有火葬骨灰。随葬品有瓷小罐、小碟、碗、鸡腿瓶等。

新街口东街 31 号为北京积水潭医院（原为清棍贝子府）。两侧与多条胡同相交，北侧有铁炉胡同、水车胡同、光泽胡同，南侧有邱家胡同、罗儿胡同、苇坑胡同、正觉夹道。

新街口北大街的北侧是德胜门西大街。东起德胜门立交桥，西南至西直门立交桥，因位于德胜门西侧得名，是北二环路最西部的段落。德胜门西大街的南侧是德胜门西顺城街，此街位于德胜门西侧，且顺城而筑，故称；其东是德胜门内大街；其西是西海西沿，清代称西水关，因西端有水关得名。《燕都游览志》载："水关在德胜门西里许，水自西山经高粱桥来，穴城址而入，有关为之限焉。下置石螭，迎水倒喷，旁分左右，既吸复吐，声淙淙然自螭口中出。"④修建地铁时水关被埋入地下。1965 年西水关改称德胜门西顺城街。1981 年修建二环路慢车道及人行步道时，将北侧房屋拆除，南侧尚存留一部分房屋。46 号原为净业寺，是西城区文物保护单位，后由北京压缩机配件厂使用，今又改为他用。顺城街在王城理念中属于干道系统，在大都与明清北京的道路结构中也属于主要道路，可惜经过多年建设性的改造，这里的顺城街已然破损不复旧观。

德胜门西顺城街的南侧是水章胡同。水章胡同东起德胜门内大街，西至西海东沿，《京师坊巷志稿》称水罐儿胡同。为什么叫水罐？据说此处地势低洼，下雨积水如同水罐。民国时认为水罐不雅而改今称，将水与文章联系到一起。水章胡同的西侧是西海，围绕西海，依据方位命名，海边的道路分别是西海北沿、西海南沿、西海东沿与西海西沿。其中西海北沿东起西海东沿，西端北折至德胜门西顺城街。民国时期称西海北河沿，1965 年改称西海北沿，其内 29、30 号原为三官庙，是西城区文物保护单位，现为民居和小商店。西海东沿，北起西海北沿，东南至德胜门内大街，原称西海北河沿，1965 年因处于西海东侧而改名。西海西沿，北起德胜门西顺城街，南至西海南沿，民国时期称西海西河沿，1965 年改今称。西海南沿，西北起西海西沿，东南至德胜门内大街。民国时称西海南河沿，1965 年改称西海南沿，48 号原为普济寺，因所处地势高耸，俗称高庙。明、清及民国时期的文人雅士常把此处作为修禊登高之处，庙亦常常入诗。1917 年，梁巨川于庙北投“海”自尽。事后，有人在高庙北墙外立“桂林梁巨川先生殉道处”碑。

围绕西海，其西还有几条与水相关的胡同。一是小铜井胡同，再是板桥头条、二条以及三条。小铜井胡同，东起西海西沿，西至新街口北大街。清代始称小铜井，1965 年改今称。新街口北大街西侧有胡同称大铜井，此处的胡同规模略小，故称。胡同内有总政文工团排演场。小铜井东侧与西海西沿相连，西海西沿 2 号为梁巨川、梁漱溟父子故居，2002 年拆除，成为改建的总政文工团排演场的一部分。

小铜井胡同的南侧是板桥头条、二条、三条。

板桥头条东起西海西沿，西至新街口北大街，其北尚有以板桥为冠的二条、三条。明《宛署杂记》分别记为头条胡同、二条胡同、三条胡同。清乾隆时期改称为头条、二条、三条。为什么要冠以板桥？有可能在这三条胡同一带，曾经有过简易的桥梁，也就是板桥吧。

板桥二条与三条之间有一条断头小巷——小半截胡同。北京的胡同一般是直线型结构，两端有口，此胡同只西端有口，与新街口北大街相通，因此叫半截胡同。胡同均宽 2 米，相对于南侧均宽 5 米的大半截胡同，要狭窄许多，因此称“小”。

大半截胡同，东起光泽胡同，西至新街口北大街，原东口不通行。按常规，胡同的两头都应该有口，用来通行。此胡同只有一个口，相当于胡同的一半，故称半截胡同。清末大半截胡同向东延伸，与光泽胡同相交，始能通行，但是名称未改。民国时期，为了与小半截胡同相区别而改今称。

大半截胡同东侧有两条南北方向的小巷，一是光泽胡同，一是水车胡同。前者的南口是新街口东街，北不通行。清代称大火药局，民国沿用，1965 年将其西侧的小火药局并入改称光泽胡同。光泽胡同的北端原与板桥头条相连，1949 年后因建筑物阻挡而不通行了。后者的北端是西海南沿，南端亦是新街口东街。明代称水关水车，距离积水潭水关不远。清称水车胡同，沿用至今。而在水车胡同的东部还有几条凌乱的小巷，即辛勤胡同、铁炉胡同与邱家胡同。辛勤胡同在清代末年称抄手胡同，1965 年改今称。辛勤胡同的东口是德胜门大街，西端南折与铁炉胡同相连。铁炉胡同也是一条曲折的小巷，有东西与

南北段落，南至新街口东街，乾隆《京城全图》称铁香炉胡同，因北端（今辛勤胡同）金刚寺（又名般若庵）内有铁香炉而得名。乾隆时期，抄手胡同与铁香炉胡同是一条胡同，到清代末年，前者方从后者析出。1965年，铁香炉的“香”字被去掉，而改今称。关于金刚寺，北京史籍多有记载。《帝京景物略》谓：“背湖水，面曲巷。”[⑤]清朝的文人到什刹海观看荷花时往往憩于此寺。民国时北平市寺庙调查时，此寺只有佛像三十七尊，铁磬一口，铸铁五供一堂。未提及铁香炉，或者此时即已不存了。

铁炉胡同的南侧，越过新街口东街是邱家胡同。这条胡同出现得很晚，是民国以后才有的，或者是曾有邱姓人家住此。邱家胡同的南端是四环胡同。这条胡同有东西南北四个段落，东端与德胜门内大街相邻，北端与邱家胡同相连，西端有两个口与罗儿胡同相通，由于是由四条小巷组成的环形胡同，故而在1965年定今称。此处原为隙地，地势低洼，雨季积水，习称大坑，又称草场大坑。后来逐渐演变为居住之地。朱一新《京师坊巷志稿》作草厂大坑，疑为贮草之地。

四环胡同西侧是罗儿胡同。罗儿胡同北起新街口东街，南至正觉胡同。明人张爵《京师五城坊巷胡同集》即有此称，清乾隆《京城全图》把“罗”写为“锣”，仿佛这里有锣鼓销售，清末又改回原称，至今没有变化。罗儿胡同的南部是棉花胡同，这两条胡同都是明朝的胡同，已经有四五百年的历史了。它们前后相接，前者长285米，后者长532米，二者相加是817米，宽度都是5米，是这一区域难得的纵向道路。

罗儿胡同西侧是苇坑胡同。在清代的时候，这里叫苇坑，很可能当时这里长满了芦苇。1965 年定今名。苇坑胡同，北起新街口东街，南至正觉胡同，多岔道，北端有两口与新街口东街相通。

1960 年春，新街口街道办事处响应北京市政府号召，以苇坑胡同为重点，掀起绿化街巷的高潮：粉刷墙垣，堆叠假山，种植花草，成为先进典型。“文革”中，假山被推倒，花草被拔，环境受到破坏。20 世纪 80 年代，苇坑胡同的居民自己动手，重新种树，植草皮，砌花坛，并建喷水池一个，多次被评为北京市绿化美化红旗单位、先进单位。

苇坑胡同的西侧是正觉夹道，北起新街口东街，南至正觉胡同。胡同的北段原称蒋养房，南段称正觉寺，1965 年两段合并，改今称。改成这个名字，是因为胡同的东侧是正觉寺，而且道路狭窄，因此以夹道相称。

护国寺区域

护国寺区域的东部是德胜门内大街，西部是新街口南大街，北部是正觉胡同、簸箩仓胡同、大石虎胡同，南部是地安门西大街。这片区域的特点是规制方正，摆脱了“海”的制约，无论是南北方向还是东西方向的胡同群落基本采取平行姿态。但是，由于护国寺的缘故，其周围的街巷难免错综复杂，而不那么清爽。

区域内有两条大街、一条街、十八条胡同、两条巷、一处里、一处大院和一处没有尾缀的胡同——百花深处。

区域的南部是地安门西大街 。此街在元朝的时候已经形成。明代因位于皇城北墙外侧，称皇墙北大街。清代改称地安门外西城根或西皇城根。民国时期改称黄城根。1949 年前后改西黄城根。1965 年改今称。“文革”期间曾一度易名为工农兵西大街。

地安门西大街东起地安门外大街，西至新街口南大街。历史上西端原不通行，因为那里在明代是太平仓。清代在太平仓的基础上建庄亲王府，光绪二十六年（1900）八国联军入侵北京时被焚。民国时期王府建筑又遭北洋军阀李纯拆毁后建房，称平安里，并在平安里北侧，修拓一条东西方向道路，与新街口南大街相通。1951 年庄亲王府部分建筑再次被拆除，将道路改建为 7 米宽的沥青路，命名为平安里大街。1965 年与黄城根合并，统称今名。

1998 年 1 月，北京市政府决定打通地安门西大街西部的前车胡同与后车胡同，与平安里西大街连接，同时拓宽改造地安门西大街、地安门东大街，直至东四十条立交桥。一年后竣工，8 月 28 日举行通车仪式。改造后的道路全长 7026 米，路宽 28 米至 33 米，双向六车道至八车道，是横贯城区东西方向的重要干道。1999 年、2000 年、2001 年及 2002 年分别于此街举办了第二、三、四、五届“北京市国际文化艺术节盛装行进表演”。地安门西大街古迹众多，有普济药王庙、白马关帝庙、贤良祠、城隍庙、保安寺、什刹海（前海景区）、北海公园等。

区域西部是新街口南大街。由于位于新街口的南边，在清代末年称新街口南街。民国时改称新街口南大街。“文革”中一度易名为“红旗路”。新街口南大街，商店众多，是新街口商业圈的组成部分。有新街口百货商场、新街口饭店、西安饭庄、国泰照相馆等。西安饭庄是北京著名的清真饭庄。1954 年为了支援首都饮食行业，从西安市的“老孙记”与“同盛祥”羊肉泡馍老店抽调了一批职工来京，组建了这家饭庄，当时叫西安食堂。主要经营：羊肉泡馍、臊子面、油酥肉饼、铁锅蛋、糖醋瓦块鱼、温拌腰丝以及桂花稠酒等。1970 年改叫西安饭馆。1990 年扩建后改为今名。1956 年 10 月 6 日上午，毛泽东与彭德怀莅此。

护国寺街

区域中部是护国寺街。此街明代称崇国寺街，因寺得名。崇国寺改叫护国寺后，街亦改称。护国寺位于西段北侧，已废圮，部分建筑尚存。原寺的主要部分已成为民居院落，1965年定名护国寺大院。今街内有梅兰芳故居与溥杰故居。梅兰芳故居现在辟为梅兰芳纪念馆，溥杰故居现被中国人民政治协商会议全国委员会协力国际经济文化交流中心使用。

护国寺金刚殿转角斗拱

与护国寺街垂直相交的是棉花胡同与护仓胡同。

棉花胡同，明代分为两段，北段称陶兽医胡同，南段称棉花胡同。清末将陶兽医胡同并入，1965年又把罗儿胡同与斗鸡坑的一部分并入。棉花胡同66号是蔡锷故居。蔡锷曾任云南都督，是护国运动中讨伐袁世凯的著名将领。蔡锷故居现为国家气象局宿舍。棉花胡同，北起正觉胡同，南至护国寺街，与护仓胡同隔街相望。护仓胡同西侧在明朝的时候是太平仓，故称仓夹道。1965年整顿地名，取护国寺街与太平仓的首字而更今名。

棉花胡同的北端有四条东西方向的胡同，即簸箩仓胡同、三不老胡同、正觉胡同与航空胡同。

棉花胡同冬季黄昏

簸箩仓胡同，东起德胜门内大街，西至棉花胡同。明代称哱啰仓胡同。乾隆《京城全图》谐音作笸萝仓胡同，后简称笸罗仓。1965 年改今称。似乎这里是贮藏簸箕与箩筐的地方。实则不然，据云，明时存放哱啰的仓库在此。哱啰是古代军队中的一种号角，用海螺壳制成。明戚继光《练兵实纪》记载：凡吹哱啰，是要各兵起身。再吹一遍，是要马兵上马，车兵跗车，步兵执器械站立整齐。

三不老胡同，东起德胜门内大街，西至棉花胡同。明初三保太监郑和宅第在此，故明代称三保老爹胡同。乾隆时期称三伯老胡同，清末改今称。郑和，我国著名航海家，本姓马，小名三保（又作三宝），云南人。因追随明成祖朱棣有战功，赐姓郑。“老爹”系其时对长者的尊称。郑和曾任内官监太监，明永

乐年间奉命率领当时规模最大的舰队七次下西洋，最远抵达非洲东岸和红海沿岸，是我国乃至世界航海史上的壮举。今胡同东段北侧的全国政协宿舍，相传是郑和的宅第，20世纪50年代，于其上建红色砖楼，仅余部分残迹。其后又建楼，残迹也没有了。

正觉胡同，东起棉花胡同，西至新街口南大街。明代称正觉寺胡同，因有正觉寺，遂称。清末简称正觉寺。民国时称正觉寺胡同。1965年改今称。胡同内9号是正觉寺。根据《日下旧闻考》转引“正觉寺碑略”记载：这里原是御马监太监韩谅的宅第，后来转给了一个叫郑道明的人，郑道明在成化三年（1467）的春天把它改建为寺院，并请皇帝赐额曰“正觉禅寺”。正觉寺现存山门、大雄宝殿、接引殿及配殿，基本完好，是西城区文物保护单位。

正觉胡同西口

航空胡同，东起棉花胡同，西至新街口南大街。明《京师五城坊巷胡同集》称噶噶胡同，乾隆《京城全图》作嘎嘎胡同。清末，因禁卫军司令处设于此地，而改称禁卫军街。民国时，禁卫军司令处撤销，改设航空署，遂改称航空署街。嗣后曾一度复名嘎嘎胡同，1965 年改今称。15 号是航空署旧址，原貌已不存，现在是空军某部宿舍与招待所。

簸箩仓胡同、三不老胡同、正觉胡同与航空胡同，都是笔直整齐的胡同，相对于此，这个区域的其他胡同，则大多琐碎曲折。比如位于三不老胡同南侧的花枝胡同，便是一条曲尺形状的胡同。这条胡同的北端是三不老胡同，南端东折至德胜门内大街，在乾隆年间已然出现，民国时期一度改称花针胡同，后来又改回原名。花枝胡同位于恭王府西北，因与《红楼梦》中贾

航空胡同

琏偷娶尤二姐，在外购置了一所房子，位于“荣宁街后二里远近小花枝巷内”的地理位置相似，而使得某些红学家颇感兴趣。

花枝胡同的西侧是永康里，这儿是一片洼地，清时称斗鸡坑，因曾设斗鸡场，故名。1949年以后，这里兴建多层的居民楼，更为今名。永康里的东侧是花枝胡同，南侧是后罗圈胡同。后罗圈胡同东起花枝胡同，南至前罗圈胡同；前罗圈胡同，北起后罗圈胡同，南端西折至棉花胡同。前罗圈胡同与后罗圈胡同，清代统称罗圈胡同。这两条胡同相互连接，状如圆环，罗圈有圆环的意思，故称。民国时期析为两段，根据胡同位置，南部的称“前”、北部的称“后”。再向南是藕芽胡同，藕芽胡同曲折多弯，西口是棉花胡同，南口是护国寺街，分东西与南北两段。东西段落在乾隆时期已经出现，当时叫麻花胡同，南北段落没有称呼。民国时将两段合为今名。此巷靠近护国寺，据云，每届庙市即有小贩聚集于此，贩卖鲜藕、豆芽等物，从而得到这个名称。

再向南，越过护国寺街是前铁匠胡同与后铁匠胡同。前者东起德胜门内大街，西端南折至地安门西大街；后者北起护国寺街，南至前铁匠胡同。据说此地原是制造铁器的场所，叫铁匠营，后来分为两条，南部的称“前”，北部的称“后”。

与后铁匠胡同平行的是东、西枪厂胡同。东枪厂胡同西起西枪厂胡同，南至地安门西大街；西枪厂胡同西起护仓胡同，南至地安门西大街。这两条胡同，原为一巷，清代末年统称枪厂，因地势低洼呈坑状，故又称枪厂大坑。宣统三年（1911）以后，大坑逐渐填平，形成南北并列的两条胡同，1965年定

今名。

以上是护国寺区域东部胡同的状况，而护国寺区域西部的状况是：以护国寺残址为中心，有新太平胡同、百花深处、大杨家胡同、小杨家胡同、护国寺大院、护国寺东巷与护国寺西巷。其中，新太平胡同的西口是新街口南大街，东端南折与百花深处相通。乾隆《京城全图》中此处作门楼胡同。光绪年间朱一新《京师坊巷志稿》中称太平胡同，1965 年加“新”字，以示新旧社会不同。

相对新太平胡同，百花深处颇长，其东是护国寺东巷，其西是新街口南大街。乾隆《京城全图》中称花局，《京师坊巷志稿》中作百花深处胡同。民国三十六年（1947）《北平市图》中直呼百花深处。日本人多田贞一著《北京地名志》引《北京琐闻录》云：“明万历年间，有张姓夫妇在新街口南小巷内购买空地二三十亩，种青菜为生。渐渐地有了钱，在园中种植树木，叠石为山，挖掘水池，修建草阁茅亭，使这块菜地成为一个十分幽静的所在。又辟地种植牡丹、芍药，在池中栽植莲藕。夏日，当夕阳西下的时候，驶上小舟往来于绿波之中，香风扑面，真是令人心旷神怡。在黄菊澄香之秋，梅花晴雪之冬，均有四季皆宜之感。当时，城中士大夫等多前往游赏。因此北京人称它为百花深处。”[6]这自然是一种美好的演绎。1965 年将护国寺后庙并入，统为今称。

百花深处的南侧是大杨家胡同与小杨家胡同。大杨家胡同，东起护国寺西巷，西至新街口南大街。在宣统元年（1909）的《详细帝京舆图》中，此处称羊圈。大杨家胡同形状特殊，口

小肚大，状如葫芦。作家老舍于光绪二十五年（1899）出生在8号院，《四世同堂》就是他以这条胡同为背景来描写抗战时期北京普通百姓的作品。大杨家胡同的南侧是小杨家胡同，民国时期，把羊圈谐音为杨家，再根据胡同的宽窄——小杨家均宽3米，大杨家均宽4米，定出大、小之名。

百花深处的东侧是护国寺大院。这个大院是护国寺的核心部分，占地1.8万平方米。1911年以后，护国寺废圮，逐渐形成居住区。由于这个原因，护国寺大院有四个口子，东部是护国寺东巷，西部是护国寺西巷，北部是百花深处，南部是护国寺街。护国寺大院1965年定今称，尚存部分殿宇。其中，西配殿曾经是厂桥服装厂仓库，2005年失火时被烧毁。

百花深处

护国寺大院两侧是护国寺东巷与护国寺西巷。前者北端东折至棉花胡同，南至护国寺街；后者北起百花深处，南至护国寺街。这两条小巷因为分别处于护国寺的东、西两侧而称。乾隆时期称护国寺东廊与护国寺西廊，光绪年间改叫东廊下、西廊下，民国时期改为今称。在北京，大寺院两侧的通道往往叫廊下，保存至今的尚有宫门口附近的东廊下、中廊下和西廊下。

护国寺大院的南部是群力胡同。群力胡同的东部是护仓胡同，西部是新街口南大街。清顺治壬辰（1652）科，满榜的武状元麻勒吉在此居住。麻勒吉，满洲正黄旗人，瓜尔佳氏，字谦六，汉名马中骥。乾隆时，叫马状元胡同。宣统时，称麻状元胡同，民国沿用未变。无论称“马”，还是称“麻”，都是指他这个人。因为状元在这里居住，故而俗称状元街。1965年，北京市整顿地名，认为状元是封建时代的产物，过于突出个人，社会主义新时代需要突出集体的智慧与力量，于是相应地改为今天这个名字。

柳荫街西部

柳荫街西部的区域内有两条相交叉的道路，东西方向是定阜街，南北方向是松树街及其延长线旌勇里。定阜街北部的胡同基本是正东正西走向，南部的胡同则大多是南北方向与曲折多变的小巷。

区域内有三条街、十八条胡同与四处里。

三条街分别是定阜街、龙头井街和德胜门内大街。

定阜街，明代称定府大街。清乾隆《京城全图》称定府楼街，意思是定国公的府第在这里。之所以叫这个名称，与徐达的儿子有关。明代的开国将领中山王徐达有四子：长子徐辉祖、次子徐添福、三子徐膺绪、四子徐增寿。在建文帝与燕王朱棣的战争中，徐辉祖与徐增寿的立场不同。在朱棣准备起兵“靖难”的时候，朱棣的儿子朱高煦住在南京，听到父亲的消息后偷了徐辉祖最善于奔跑的马逃走了。朱高煦是徐辉祖的外甥，

定阜街

徐辉祖得知此事以后大惊失色，立即报告给了建文帝。后来，徐辉祖率领军队多次打败朱棣。在朱棣攻入南京以后，徐辉祖不去迎接，独自守候在他父亲的祠堂里。朱棣非常愤怒，削除了他的爵位，将他幽禁家中。而徐增寿则执意维护朱棣的利益。在建文帝怀疑朱棣要谋反的时候，徐增寿对建文帝说："燕王和先帝是同袍手足，富贵到极点，为什么要谋反呢？"朱棣起兵之后，徐增寿多次将南京方面的情况密报朱棣，"数以京师虚实输于燕"[⑦]。朱棣的军队渡过长江后，建文帝诘问他，徐增寿"不对"[⑧]，也就是一言不发。建文帝气极了，亲手用剑把他砍死在廊庑之下。朱棣进入南京后抚摸着徐增寿的尸体痛哭，即位之后，追封他为武阳侯，不久又追封为定国公，以其子徐景昌继承爵位，而后世代袭封。徐景昌骄横放纵，多次被弹劾，朱棣总是赦免他。朱棣将首都从南京迁到北京以后，徐景昌也随之进京，而将府第设置于此。

定府大街，民国时把"府"改为"阜"，称定阜大街。1965年又认为此街不够宽大，无资格称"大"，而将"大"字去掉。1955年，曾在此街西口出土了一件元代影青瓷观音塑像，高0.67米，坐式袒胸，头戴宝冠，十分精美。定阜街1号原为辅仁大学。辅仁大学位于涛贝勒府花园南部，是一座口字形状的中西合璧式的楼房。3号为庆王府旧址，现在被解放军某部使用。明朝灭亡以后，旧时的贵族府第往往被新朝的贵族所接收，因此涛贝勒府很可能是定国公府第的所在地。而涛贝勒府的花园很可能是定国公府内的花园，花园里有美丽的楼房，故而又叫定府楼街。

定阜街的北部是松树街，明《宛署杂记》称白米寺街。此街的北端是羊房胡同，南端是定阜街，白米寺在其中部西侧。清时寺已不存，乾隆《京城全图》改今称。

松树街的东侧有金奖胡同、西口袋胡同、大新开胡同、小新开胡同与铜铁厂胡同。其中，金奖胡同，清时称金家大院，大概有金姓人家住此，1965 年改今称。金奖胡同的北口是羊房胡同，西口是松树街。西口袋胡同，形状呈凹字，两东口均在柳荫街，清代称口袋胡同，因处于柳荫街西侧，与东口袋胡同相对应，而于 1965 年改今名。小新开胡同与大新开胡同，清时统称新开路，顾名思义应是一条新开辟的街巷，1965 年定今称。大新开胡同位于小新开胡同的南部，从南到北，这是第一条胡同，故而叫“大”，此巷既然称大，北部的胡同只能称“小”。实际上，小新开胡同比大新开胡同还长一些，小新开胡同长 192 米，大新开胡同长 183 米，均宽都是 4 米，可见并不是小新开胡同比大新开胡同窄小。铜铁厂胡同位于大新开胡同的南侧，清时称铜铁厂，1965 年定今称。

松树街的西侧是大石虎胡同，明时称石虎儿胡同，清乾隆年间去“儿”字。正黄旗蒙古都统署曾设于此。之所以叫“大”，是因为在西单一带，西单商场南部也有一条叫石虎的胡同，那条叫“小”石虎，这条只好叫“大”石虎了。大石虎胡同的南部是弘善胡同，明时称弘善寺胡同，因弘善寺得名。清《光绪顺天府志》称宏善寺街，民国以后简称弘善寺，1965 年定今名。弘善寺建于明朝，在今胡同内 3 号，现为弘善小学。再向南是刘海胡同，明《宛署杂记》中称刘汉胡同，因人

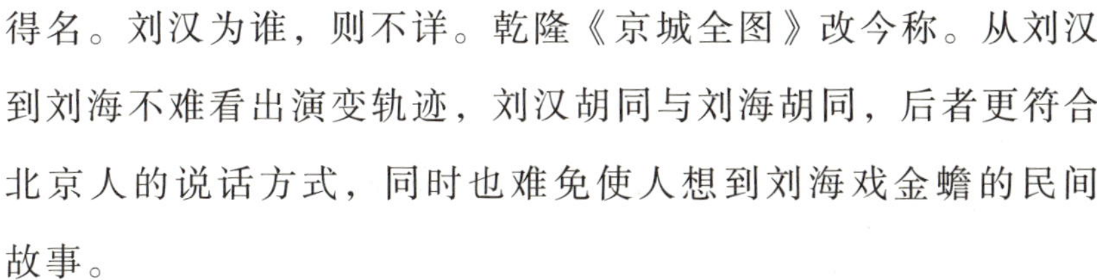

得名。刘汉为谁，则不详。乾隆《京城全图》改今称。从刘汉到刘海不难看出演变轨迹，刘汉胡同与刘海胡同，后者更符合北京人的说话方式，同时也难免使人想到刘海戏金蟾的民间故事。

刘海胡同的南部是尚勤胡同，明代称张皇亲街。据云孝宗朝国舅张延龄的府邸在此，故得名，民国时期改今称。再南是延年胡同，《京师坊巷志稿》中叫馓子胡同。民国后改今称。馓子是一种油炸食品，可以储存，旧时寒食禁火，往往食用此物，故又名寒具。

以上五条胡同相互平行，其东均是松树街，其西均是德胜门内大街，十分整齐，在这一带颇为难得。

相对于此，定阜街以南的胡同则多为南北方向。处于中心位置的是旌勇里。旌勇里的北端是定阜街，南端是地安门西大街，明代称椿树胡同，是松树街向南的延长段落。清代改称鬼门关，后改为贵人关。因其南口西侧有旌勇祠，民国时期又改称旌勇里。旌勇祠建于乾隆三十三年（1768），祭祀将军明瑞，配祀扎拉阿丰、观音保、李全、王玉廷等人。旌勇祠坐北朝南，大殿覆盖黑色琉璃瓦，今尚存，为解放军某部使用。其南口附近的北海宾馆在历史上是嘉兴寺，咸丰十一年（1861）恭亲王奕䜣曾在此与英法联军商议通商之事。嘉兴寺也是举办丧仪的著名场所，在北京，靠近这种地方的，往往叫鬼门关，旌勇里叫鬼门关也应由此而来。以其不雅，民国以后，纷纷改名，譬如东城报房胡同法华寺东院是停灵之处，附近的小巷便谐音为桂花胡同。

旌勇祠

与旌勇里相交的是兴华胡同，明代叫兴化寺胡同。寺已无存。乾隆时作兴花寺胡同，清末改为兴化寺街，1965 年改称兴华胡同。13 号是陈垣故居，现为北京辅仁大学校友会办公室。兴华胡同是一条东西方向的胡同。其东端是龙头井胡同，其西端是德胜门内大街。与兴华胡同相交的胡同还有东官房胡同、东福寿里、西福寿里与五福里。东官房胡同，清称东官房，当时其西侧有中官房与西官房。民国时期，将中官房改称福寿里（后又细分为东、西福寿里），西官房改称为五福里。东官房不知为何未变，作为名称单独流传下来。1965 年北京市整顿地名，把东官房规范化而改今称。东福寿里，位于东、西官房胡同之间，历史上曾叫中官房胡同，民国时期改称福寿里，1965 年定

东官房胡同

兴华胡同

今称。西福寿里原是福寿里西侧的一部分，1965 年析出而改今名。五福里，原称西官房，1911 年后改今名。东官房胡同、东福寿里、西福寿里与五福里，都是南北走向，也就是竖胡同，其北皆是兴华胡同，其南皆是地安门西大街。

在这些胡同的西部还有一条胡同称厂桥胡同。厂桥胡同，东起五福里，西至德胜门内大街。刻印于乾隆年间的北京八旗方位图将胡同西口一带、德胜门内大街的南端称长桥街，民国时将“长”改为“厂”，称厂桥。1965 年将厂桥并入德胜门内大街，而把其称移用到东侧的小胡同，即今之厂桥胡同。

这些胡同的东部则是龙头井街。根据唐代墓志，龙头井一带，在唐朝的时候即有称龙道村的聚落，距今已有一千多年的历史了。明代此处称人头井胡同，清代雅化为龙头井。龙头井

龙头井街

街南段东侧有普济药王庙（俗称南药王庙），在历史上，那一段落称南药王庙街。1965 年，把两段合并，统为今名。

龙头井街是一条倾斜的道路，其西北是定阜街，东南是地安门西大街。龙头井街的东部是三座桥胡同。这条胡同北起前海西街，南至地安门西大街。明代称射所，乾隆《京城全图》中称箭杆胡同，由东西与南北两个段落组成。光绪年间改称三座桥。三座桥建于明代，位于胡同北口。20 世纪 50 年代由于玉河改为暗沟，三座桥也被拆除，但是作为地名仍然流传下来。

为什么叫三座桥？三座桥是什么形状？周汝昌先生在与其女儿周月苓合著的《恭王府与红楼梦》中，引述久居此地的居民来信：三座桥有三个拱洞，上有白石栏杆，跨度约为今日柳荫街马路宽度，比银锭桥大得多。桥面有拱度，不是平桥。至于名称的由来，笔者认为，从西北向东南，以清水桥为起点，其南是板桥，再向南的三座桥，正好处于第三的位置，故称第三座桥。如同第三子往往简化为三子一样，第三座桥当然也可以简化为三座桥。还有一种解释是，三座桥处于三条道路——毡子胡同、羊角灯胡同与前海西街之间，一座桥可以转到三个方向，因此又叫三转桥，“转”后来讹音为“座”。

三座桥胡同与龙头井街构成一片三角形的狭小区域。这片区域的东侧是千竿胡同，因明代附近置有射所而得名射所，乾隆时改作箭杆胡同，民国时谐音今称。千竿胡同位于三座桥胡同与前海西街之间，在历史上曾经包括南北与东西两个段落。南北段落即前面提到的三座桥胡同，后来独立出来。三座桥胡同的西面是羊角灯胡同与南、北钱串胡同。羊角灯胡同原是两条胡同，在清代分别叫大羊角灯胡同与小羊角灯胡同。南、北钱串胡同，在清代统称钱串胡同，后来根据东西方位称东、西钱串胡同，再后来又根据南、北方位而改为今称。之所以叫羊角灯或者钱串，大概都与胡同的形状有关吧。

三座桥胡同

金丝套

金丝套是什刹海地区的核心区域，因区域内曾经有叫“金丝套”的胡同而得名。

金丝套的西北部是后海，东南部是前海，西部是柳荫街，占地 20 余公顷。其中，柳荫街的前身是玉河。玉河存在的时候，这片区域是“海”中的孤岛。玉河消失以后，这里则成为半岛。

区域内部有两条街、十三条胡同和两条海沿。

半岛的西南是恭王府，其面积相当于半岛的四分之一。恭王府的东侧是罗王府，再往东是毡子胡同、东煤厂与前井胡同。这三条胡同的主体为南北走向，是北京城区所谓的竖胡同。前井胡同以东是半岛东部。在这里，胡同密集，形态偏斜而又曲折勾连。名字叫“金丝套”的胡同便位于这片区域的中心位置，处于区域内部的最高点。以其为中心，两侧的胡同逐步降低，越是近“海”的胡同高度越低，呈现出一派临水人家的风貌。

为了叙述方便，此处从金丝套最西侧的道路——柳荫街说起。

柳荫街，北起后海南沿，南部分为东西两岔：西岔之口与定阜街相连，东岔之口与前海西街相通。明朝中叶为了保证皇城内三海稳定的水位与水量供应，从德胜门桥的东边开挑了一条河道，称玉河。柳荫街便是在此河道上形成的道路。柳荫街北端曾构有李广桥。《燕都丛考》转引《京尘杂录》云：“李广桥一带明湖滉漾，大似江南水国，每过其地，辄令人起秋风莼鲈之思。”[9]清末河道西侧道路称李广桥西街，东侧道路称李广桥南街。1950 年将河道改为暗沟，统称李广桥南街。1965 年定今名。柳荫街中部（铜铁厂胡同东口附近），立有袁满囤烈士雕像。袁满囤，1961 年出生，1979 年参加中国人民解放军，为北京卫戍区一师四团一营一连战士，后为代理班长。1982 年 2

月24日袁满囤在本地值勤时，为抢救两名落进后海冰窟里的工人而牺牲，年仅21岁。

柳荫街南端的前海西街，分南北与东西两段，呈曲尺形状。东西段落，东起前海北沿西端，西至柳荫街，民国时期因其北面有恭王府，又称恭王府后身。南北段落，北起前海北沿，南至地安门西大街，位于玉河之南、前海之西，因此清宣统年间以河为坐标称南河沿，民国时期又以海为依据称前海西河沿。1965年将两段合并，因其位于前海西侧的缘故，而统称今名。然而，应当指出的是，前海西街的南北段落并不涉及金丝套，之所以在这里说明，只是为了顺便将前海西街的历史叙述清楚而已。

历史上，前海西街的东西段落为玉河下游。河道上曾有板桥、三座桥、响闸。三座桥与响闸在明清时期颇受文士垂青，诗句中常常提及。前海西街南北段落东侧原有一小湖泊，称西小海或西小池，海边的道路称前海西河沿。1950年将河道改为暗沟，次年将西小海改建为什刹海人民游泳场，1958年又改建为什刹海青少年业余体育学校，1985年改称北京市什刹海体育运动学校。

2001年，有关部门对前海西街进行整治，将路面拓宽至10米至13米。

前海西街17号是恭王府。18号原是恭王府马厩，民国以后被乐家购进，改造为居住的院落。1949年中华人民共和国成立后，先后做过蒙古国大使馆与宋庆龄的住所，宋庆龄搬走后，郭沫若住进来，现在是郭沫若纪念馆。

前海西街以北有三条南北方向的胡同，即毡子胡同、东煤厂胡同与前井胡同。毡子胡同的北侧是大翔凤胡同。这一带在明代是供应厂，乾隆时期称厂门口，到了宣统年间改称毡子房，据说那里曾经有制作毡子的作坊，1965 年改今称。毡子胡同 7 号原为罗王府，因西侧紧邻恭王府，故俗称东府；相应地，恭王府则称西府。两府之间曾有一狭长通道，称府夹道。

毡子胡同的东侧是东煤厂胡同。东煤厂胡同南北两端的西侧各有一口通毡子胡同，中部与前井胡同相交。光绪年间称东煤厂胡同，民国时简称东煤厂，1965 年恢复原称。1927 年，共青团北京市委机关设于此地。当时北京有近 30 个团支部，约 400 名团员。1927 年 10 月 10 日，中共中央北方局秘书长蔡和森发动中共党员、共青团员散发传单，张贴标语，号召武装暴动，史称“广告暴动”。后来，暴动失败，团市委机关被破坏，190 余名团员被捕。中共中央北方局书记王荷波、北京市委书记王尽臣等 10 名党员、团员牺牲。

东煤厂胡同的东侧是前井胡同。这条胡同与东煤厂胡同基本处于平行姿态，其北端与北官房胡同相接，南至南官房胡同。前井胡同一带，在乾隆时期称南官府胡同，光绪年间析出，称井儿胡同，宣统年间称前井胡同。民国时期又将东侧支巷分出，称后井胡同，1965 年改称后小井胡同。前井胡同的 5 号与 7 号是乾隆时期平定大小和卓叛乱的英雄兆惠的府第，可惜已经残毁，仅余部分建筑。前井胡同 15 号是溥仪胞妹金韫馨的住宅，1959 年溥仪被特赦后曾暂住此处。

东煤厂胡同西北有小巷叫西煤厂胡同、口袋胡同、大翔凤

胡同与小翔凤胡同。西煤厂胡同的东端与小翔凤胡同相接，西口位于柳荫街，并不与东煤厂胡同相通，虽然就名字而言仿佛是东煤厂的衍生物，其实则不然。这一带，在乾隆《京城全图》中便叫西煤厂，其时东煤厂还没有出现，因此，东煤厂应该是西煤厂的衍生物。为什么叫煤厂，至今没有让人信服的解释，很可能是明代供应厂的遗存。

西煤厂的北侧是东口袋胡同。这条胡同西起柳荫街，东不通行，是一条断头胡同，也就是死胡同。一端有口、一端无口的宛如口袋的胡同，在柳荫街西侧还有一条，因此在1911年以后，便对应地称其为东口袋胡同。西煤厂胡同南侧与东端的大、小翔凤胡同，早先叫墙缝胡同，光绪年间根据胡同的宽窄，雅化为今名。其中，大翔凤胡同西起柳荫街，东端北折至后海南沿；小翔凤胡同东起大翔凤胡同，西至西煤厂胡同。北京胡同的宽度一般在5米至6米之间，小翔凤胡同的宽度是3米，大翔凤胡同虽然略宽，也只有4米，在北京算是窄胡同，因此以墙缝相呼。缝，在这里读四音，指狭窄的空间。墙缝，即两墙之间的缝隙，这样的胡同能有多宽呢？大翔凤胡同位于恭王府北侧，处于高耸的府墙之下。民间传说，宝玉在贾府被抄之后，流落到附近一家井窝子里以售水为生。大翔凤胡同3号，曾是丁玲寓所，“文革”以后成为《小说选刊》杂志社的社址，20世纪90年代初又改作《民族文学》杂志社的办公地。小翔凤胡同5号为鉴园，是清代恭亲王的别邸。因为大门接临前海，便在园内树立大镜做屏风，用以延揽潋滟的绿色波光，故名鉴园。鉴园坐北朝南，西部是花园，东部有花厅与游廊，现在是西城

区文物保护单位。

上述胡同，都位于金丝套西部区域。而在金丝套的东部则分布着以下这些胡同，它们是：北官房胡同、南官房胡同、大金丝胡同、小金丝胡同、银锭桥胡同、前海北沿与后海南沿。

其中，北官房胡同，东起银锭桥胡同，西至前井胡同。南官房胡同，东起前海北沿，西至毡子胡同。乾隆《京城全图》中将此处与前井胡同并称为南官府胡同。其称可能与明代的供应厂有关。作为地名，北官房胡同相对于南官房胡同则晚出四朝，出现于光绪年间。官房，也有写作关防的。在宣统与民国年间的北京地图中，南、北官房又称南、北关防口。

南、北官房胡同之间是大、小金丝胡同。大金丝胡同，东起银锭桥胡同，西端南折至南官房胡同。其北是小金丝胡同。这一带，在乾隆《京城全图》中称金银丝绦胡同。《光绪顺天府志》称金丝套胡同，将“绦”谐音演化为“套”，金丝套地区得名，始源于此。宣统时金丝套胡同析为两条，根据路面的宽窄，分称大金丝套、小金丝套。1965 年，把“套”省略，简称大金丝胡同与小金丝胡同。

大金丝胡同走向曲折，局部呈锯齿状，这在北京的胡同中是不多见的。为什么叫金丝绦？有一种说法认为这里过去是明代的织染所，是一处生产色绢的地方，由此而得名。然而，经过考证，织染所并不在这个位置，而是在它的西部——今天的小新开胡同内的通明庵一带，位置不符，也就不能够由此推断。其实，很可能与胡同的形状有关，因为锯齿的形状与“绦”的牙边是有近似之处的。小金丝胡同，北起北官房胡同，南至大金丝胡同，位于大金丝胡同北侧。相对于大金丝胡同，此胡同略小，故称。

锯齿形状的大金丝胡同

与大、小金丝胡同相通的是银锭桥胡同。银锭桥胡同有海潮庵与银锭桥。银锭桥是连接前海与后海之间的唯一津梁，也是眺望西山岚影的绝佳位置，称银锭观山。1965 年以前，此胡同以庵为称，叫海潮庵。1965 年北京市进行地名整顿，此胡同又以桥为称，称银锭桥胡同。海潮庵至今尚存，近年改作经营酒吧的场所。

在以上这些胡同中，银锭桥胡同的形状最为特别，胡同为南北走向，既不笔直也不曲折，呈现为弯曲的形状。胡同的北端是后海南沿，胡同的南端是南官房胡同，再南是前海北沿。

无论是前海北沿还是后海南沿，都是因“海”的位置而得名。其中后海南沿，东起银锭桥胡同，西至柳荫街，原称后海南河沿。前海北沿，东北起南官房胡同，西南至前海西街，原称前海北河沿，1965 年北京进行地名整顿时将“河”去掉，而改今名。为什么进行这样的调整呢？历史上为了调节什刹海的水位，在前海、后海、西海的外缘均挖掘一圈小河，俗称套河。套河深约 1 米，宽约 2 米，外侧筑有土垣，高度在 1 米左右。1950 年将玉河改为暗沟，同时调整什刹海的流向，而将套河填平，但是作为地名却保留到 1965 年。这时“河”已然不存，道路不再与“河”而是与“海”相亲，自然不再以“河沿”为称，而称“海沿”了。

银锭桥胡同

前海北沿18号原是清礼部侍郎斌儒的宅第，后来卖给张之洞的厨师，改为饭庄——会贤堂饭庄。会贤堂饭庄临街处是一座具有西洋风格的两层楼房，楼下第三间是传统的中式宅门，门楣之上四枚朱红色的门簪镌刻“群贤毕至”四字。会贤堂饭庄是老北京八大饭庄之一，经营鲁菜，为时人所重。后来由于经营不善，出售给辅仁大学，现在是北京师范大学等单位宿舍，早已凋败而非复旧时堂燕。

中轴线两侧的胡同

地安门外大街是北京中轴线的北部段落，以其为界，东是东城区，西是西城区。但是，这并不意味这条街被分为东西两半。按照北京的城市区划，地安门外大街及其东侧的死巷均归西城区政府管辖。这条大街的西侧是前海，因此以道路倾斜的姿态居多，而且胡同短小，从而构成了与其他区域不同的特色。

区域内有一条大街、两条斜街、八条胡同、一条巷、两条海沿、一座大院和一座坊。

其中的大街便是地安门外大街。

地安门外大街，北起鼓楼西大街，南至地安门西大街，因处于地安门外而得名。地安门是明清两朝皇城北侧的城门，皇城的南端是天安门，此处便相应地叫地安门了。从地安门到鼓楼，是北京中轴线最北部的段落，也是北京最重要的街道。地安门外大街形成于元代，历史上有不同的称谓。在明代，鼓楼至万宁桥段落，称鼓楼下大街。清代宣统年间，以万宁桥为界分为两段，北称鼓楼大街，南至景山后街称地安门大街。民国时期，鼓楼至地安门统称地安门大街。20世纪50年代改今称。“文革”中一度易名总路线路。

地安门外大街，元代因紧邻海子码头，是市廛辐辏、商贾云集之地。晚清至民国时期流传有“东四、西单、鼓楼前”（或“东单、西四、鼓楼前”）之说，足以说明这里市场的繁盛，今天犹然。地安门外大街于1924年铺设有轨电车道。1936年修建宽12.5米沥青路。1959年把有轨电车道拆除，改无轨电车，路面重新铺筑沥青。1993年两侧铺筑4米至7米人行步道。

地安门外大街古迹众多，较为重要的有：北端的鼓楼，中段的万宁桥与火德真君庙，以及50号原谦祥益绸缎庄北号旧迹，是北京现存旧铺面房中保存较完整的一处。

地安门外大街北端西侧是大、小石碑胡同。前者的北端是鼓楼西大街，南端是烟袋斜街；后者的北端是大石碑胡同，南接银锭桥胡同。乾隆《京城全图》中叫石碑胡同，宣统时析为两条，前者略宽，故称之为“大”；后者与其相接，至银锭桥，略窄，故冠以“小”。

烟袋斜街，东起地安门外大街，西至小石碑胡同，形状偏斜。清光绪年间，东口有专门经营旱烟袋的店铺，字号有“同合盛”“双盛泰”等。据云，慈禧太后使用的烟袋曾在这两家店铺清洗过，店铺随之名声大噪。烟袋铺的招幌通常是用烟袋杆的下脚料做成的，把乌木段一横一竖穿连，一挂长约二尺，在店铺门口悬吊六七挂。除挂此种店幌外，同合盛与双盛泰还在

烟袋斜街东口

烟袋斜街标牌

烟袋斜街夜色

门前廊下竖立长约1.5米的木制大烟袋。这两家的大烟袋，白银烟嘴，黑漆烟杆，金锅红里，十分醒目。据说，烟袋斜街的名称即由此产生。

烟袋斜街21号是鑫园客栈，其南侧空地上原有一座面积仅为6平方米的三财龙王庙，庙前有一井，如今庙已拆除，井已填埋。37号、51号是广福观，81号为三元伏魔宫，现均为民居。清朝晚期和民国时期，烟袋斜街颇为繁盛，主要经营烟具、文房四宝、古玩玉器、装裱字画，有84处店铺，号称“小琉璃厂”。1956年公私合营后，烟袋斜街的商业网点急剧减少，到1988年只剩下13家。2002年公布的《北京历史文化名城保护规划》将烟袋斜街列为传统商业街。近年重新对烟袋斜街进行规划，将广福观的居民迁出而恢复旧状。

烟袋斜街的南侧是万年胡同、义溜胡同、马良胡同、扬俭胡同与帽局胡同。

万年胡同，东起地安门外大街，西不通行，原叫万汇大院，1949年以后改叫今名。万年胡同长115米，均宽1.5米，即使在北京的窄巷之中，也属于细之又细的胡同。今已不存，成为地安门百货商场北侧的通道。义溜胡同，东起地安门外大街，西至前海东沿。《光绪顺天府志》中作义留胡同，民国时改今称。胡同为东西向窄巷，东口地势高于西口，有一定坡度，向前海倾斜。传云，明代的权相严嵩被抄家后曾持一银碗在一条小巷口讨饭，那条小巷后来叫银碗胡同。一天，严嵩持银碗来到此处乞讨，不小心滑倒，一溜而下，连人带碗滚入前海，胡

同因此得名。民国时期，胡同内有同和轩茶馆（后改为广庆轩茶馆），是当时著名的书茶馆。1999 年地安门百货商场改建并扩建时义溜胡同消失，成为其南侧的通道。银碗胡同也已消失，即今之京报集团门口南侧的通道。马良胡同，东起地安门外大街，西至前海南沿。胡同曲折细窄，均宽 2 米。原称马家胡同，1965 年改今名。马良胡同西口北折至前海南沿，前海南沿 4 号是清真寺，始建于清乾隆年间，投资者为山东恩县马良。道光十九年（1830），其孙马九为把相邻的黄姓房产购置下来，对清真寺扩建重修。1965 年把马家胡同改称马良胡同是否是对历史的回顾？而在民间传说中，马良是位神奇的画家，他的画笔可以把纸上波涛转化为真实的可以埋葬与民为敌的赃官的怒海。把“马家”改称“马良”抑或是受到了这位传说人物的影响？

马良胡同与扬俭胡同之间是白米斜街。顾名思义，这是一条斜街。其东北是地安门外大街，西南是前海南沿，自东北向西南倾斜。明时即作此称。《京师坊巷志稿》引《京师五城坊巷胡同集》云，明时“有白米寺，今无考。岂地以寺名欤？”[10]白米斜街 11 号是清末军机大臣张之洞故居。清朝内务府所属三旗参领署设于此巷路北。白米斜街的北部是白米北巷，巷之西口原有冰窖，故清代称冰窖，民国时改称冰窖胡同。1965 年因为位于白米斜街北侧而改叫今名。白米北巷北起前海南沿，南至白米斜街。

白米斜街的南侧是扬俭胡同、帽局胡同与乐春坊。前两条胡同都是死巷，乐春坊则走向弯曲，其北端是白米斜街，南至地安门西大街，全长 100 米，均宽 2 米。据传，清时此处建有一处供人们观赏金鱼、奇鸟的小园，名乐春坊。小园后被焚毁，但是却作为地名流传下来。乐春坊作为地名在民国十年（1922）新北京内外城全图中已经出现。

白米斜街

无论是白米斜街还是烟袋斜街，都是地安门外大街西侧的重要街道，它们的共同点是走向都呈偏斜的姿态。前者的北部是前海南沿，后者的南侧是前海东沿。前海东沿因临义溜胡同，民国时称义溜河沿，1965 年改今称。义溜河沿民国时期有小市，烤肉季曾在此设摊出售烤肉。

前海南沿，东北起地安门外大街，西南至白米斜街。民国时称前海南河沿，1965年改今称。1984年9月在西南端建茗园，为游人游憩、嬉戏之处。2001年改建，南部改为封闭式小公园，曾经展出盆景奇石等。北部修缮后于2002年出租，做饭馆之用，现在统为什刹海会所。前海南沿3号，20世纪50年代曾作为北京棋艺社社址，5号是什刹海清真寺旧址。

以上诸胡同，均位于地安门外大街西侧。相对于此，东侧的胡同不多，仅有天汇大院与杏花天两条。前者原是戏园，因为经营不佳而改为天汇轩大茶馆，在清朝时是提督衙门差役的聚会之地；民国期间毁于火，改为市场，后又改作民居，称天汇大院。旧北京的茶馆有：大茶馆、书茶馆、野茶馆、清茶馆与茶酒馆五种类型。大茶馆又细分为：红炉馆、窝窝馆、搬壶馆与二荤铺。红炉馆，专做满汉饽饽，但是相对于饽饽铺所做的略小，价格也便宜，可以做出大八件、小八件、大饽饽、中饽饽与杠子饽饽。窝窝馆，专做小吃点心，以做江米面的艾窝窝而得名，当然不仅做艾窝窝，还有炸排叉、糖耳朵、蜜麻花、蜂糕、盆糕等。搬壶馆，介于红炉馆与窝窝馆之间，亦做闷炉烧饼、炸排叉等。二荤铺，是一种既卖茶又卖酒肉的铺子。在这样的茶馆，客人可以将自己带来的原料交到灶上加工，名为“炒来菜儿”，这算是一荤，茶馆用自己的原料炒的菜又是一荤，因此叫二荤馆。天汇轩属于红炉馆，是大茶馆中规模较大的茶馆，“文革”时期将天汇大院的危旧平房拆除，建造了两座简易的红砖楼。

杏花天胡同的东口，曾经有一座造酒的作坊叫杏花天，后来移用为胡同的名称。造酒的杏花天早已消失了，但是以其命名的胡同却至今尚存。天汇大院与杏花天胡同都是只有西口的死巷。前者是一座院落，后者是一条既窄又短的死巷，全长不过 30 米，均宽 1.5 米，胡同东部是一座简易楼房。

注释：

①见《霏雪录》，转引自［清］于敏中等编纂:《日下旧闻考》，北京古籍出版社，1981 年 10 月，第 868 页。

②［清］朱一新辑:《京师坊巷志稿》，北京古籍出版社，1983 年 5 月，第 165 页。

③侯仁之主编:《北京历史地图集》，北京出版社，1988 年 5 月，第 48 页。

④见《霏雪录》，转引自［清］于敏中等编纂:《日下旧闻考》卷五十四，北京古籍出版社，1981 年 10 月，第 853 页。

⑤［明］刘侗、于奕正著:《帝京景物略》，北京古籍出版社，1980 年 10 月，第 30 页。

⑥［日］多田贞一著:《北京地名志》，张紫晨译、陈秋帆校，书目文献出版社，1986 年 4 月，第 36 页。

⑦⑧见［清］张廷玉等撰:《明史》卷一百二十五，许嘉璐主编:《二十四史全译》本，汉语大词典出版社，2004 年 1 月，第 2598 页。

⑨见《京尘杂录》，转引自陈宗蕃《燕都丛考》，北京古籍出版社，1991 年 10 月，第 408 页。

⑩［清］朱一新辑:《京师坊巷志稿》，北京古籍出版社，1983 年 5 月，第 93 页。

第三章◎四合院

四合院起源于合院。

合院历史悠久，在今天陕西岐山的凤雏村有一组西周早期的建筑遗址。这组遗址，南北长 45.2 米，东西宽 32.5 米。两进院落，在中轴线上依次为屏、门、堂、廊、室。所有的堂、室、门都与庑相连，围拢出两个院落。前堂与后室用廊连接起来，在平面上呈“工”字型。这样的布局延续下来，直至宋元时期都没有变化。

“文革”时期，在北京后英房明城墙的基础之下，挖掘出一处元代的住房遗址。这是一座大型住宅，分东、中、西三路。东路主院有正房与厢房。正房有前、后两座，中间以廊相接，继承了陕西岐山凤雏村的做法。但是也有区别，此处住房遗址前后的正房都是奇数，均是三间，列柱不设在中轴线上，正房与厢房相互分离，呈现出从合院向四合院过渡的形态。

九宫格模式

四合院有这样几个要素：宅门、倒座、正房、厢房、围墙。把这些要素根据四合院的理论组合起来，便组成北京的四合院。在方位上，如果四合院坐北朝南，大门便开辟在东南角，与东

抄手游廊

厢房的南部山墙相对。大门之内的西侧是庭院。其中，正房位于庭院的北部，坐北朝南；倒座位于庭院的南部，坐南朝北；东西两侧是厢房；围墙用来填补建筑之间的空隙。反之四合院坐南朝北，那么大门便开辟在西北角，大门之内东侧是庭院，院内的建筑——正房、厢房、倒座都与坐北朝南的四合院一样，并无任何区别。总之，无论坐北朝南还是坐南朝北的四合院，它们的区别只是宅门的位置和方向不同而已。

具体而言，北京四合院一般具备以下特点：

一、中轴布局。正房与倒座位于中轴线上。正房是全宅的主体，进深、面宽、架高与内外檐的装修规格均居于首位。正房的列柱是双数，房间是单数，从而保证明间的房门在中轴线上。正房一般是三间。正房两侧有时构筑耳房，耳房的高度低于正房。正房与耳房的总长决定了四合院的宽度。

卡子墙与垂花门

倒座

后罩房

连接正房与厢房的走廊

二、正房、倒座、两厢都是单层建筑，而且各自独立，互不相连。正房与倒座南北相望，两厢的前檐位于正房墀头墙的外侧。正房两侧如果设有耳房，那么耳房的面阔与厢房的进深保持同一尺度。如果正房的后面还有房屋，那么东面的耳房则作为通道。

三、正房、倒座、厢房通常采取山墙到顶的硬山样式。不在山墙也不在后檐墙开设门窗，门窗均向院内开辟。

四、宅门位于宅院的东南或者西北位置。宅门有屋宇门与墙垣门两种形式。讲究的四合院使用屋宇门。墙垣门的常见形式是清水脊小门楼。

五、北京的四合院在整体上为：南北长，东西短。但是四合院内部的庭院则基本是正方形。

正房与厢房

北京四合院的构造大体如此。在这个基础上，可以增加新的要素，进行纵向与横向的组合。

新的要素是卡子墙、垂花门、抄手游廊、后罩房。其中，卡子墙位于东西厢房的南侧，卡子墙的中间是垂花门，卡子墙与倒座之间组成第一进院落。抄手游廊把正房与厢房衔接起来。卡子墙与正房之间形成第二进院落。正房之后是后罩房，二者构成第三进院落。在这类四合院中，第二进是主体，庭院基本是正方形的；第一进与第三进则是南北短而东西长，呈扁长形状。

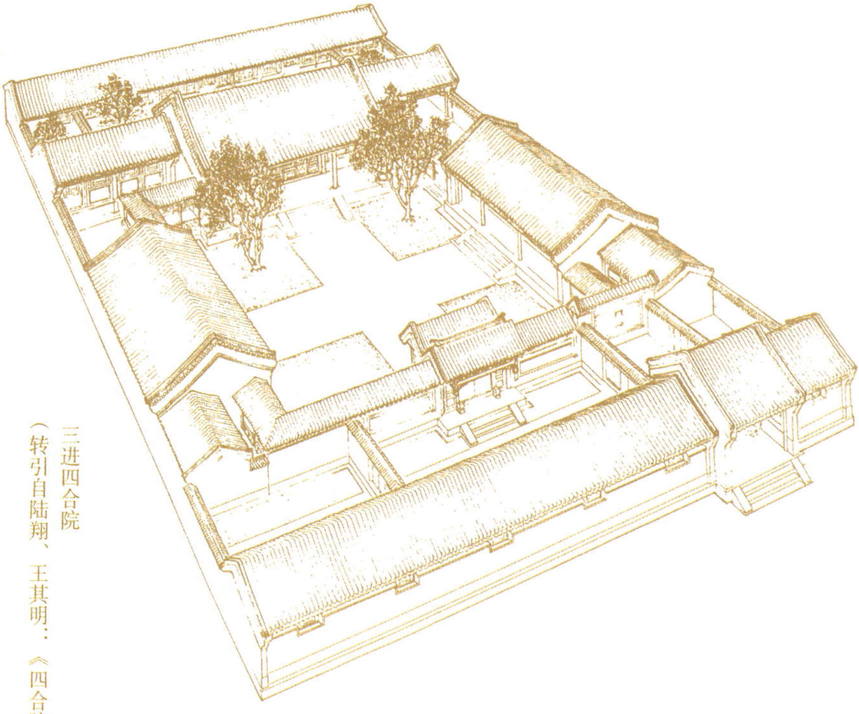

三进四合院
（转引自陆翔、王其明：《四合院》）

三进四合院是典型的四合院。

如果去掉后罩房，把庭院再向后延伸，加盖正房与厢房，则此处的正房与前面的正房形成前堂后寝的格局。如果这进庭院的后面再设置后罩房，则形成四进院落。

从理论上讲，四合院可以进行无限的纵向组合。然而北京的四合院，因受到地理环境的制约，至多是五进，如清末协办大学士文煜在帽儿胡同的住宅。在横向上，也可以进行任意的组合。但是，同样因为地理环境的制约，北京的四合院，最多也只为三路，而且并不全部安排住宅，而是根据需要进行处理，

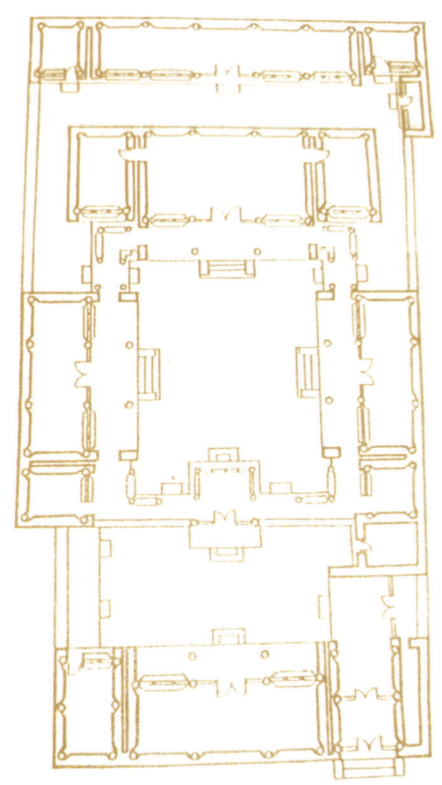

三进四合院平面图（转引自陆翔、王其明:《四合院》）

比如文煜的住宅，西路是住宅，东路是下房，中路便是北京著名的私家园林“可园”。

北京的四合院是历史的产物，其中既有人文精神的影响，也有自然环境的影响。人文精神主要体现在九宫的图形上。九宫是指坎、艮、震、巽、离、坤、兑、乾八宫与中央之宫。与九宫相对应的是九星，即北斗七星与辅佐二星。

将九星与九宫相互搭配，可以画出这样的图形：

东南四绿 巽 东四宅	南正九紫 离 东四宅	西南二黑 坤 西四宅
东正三碧 震 东四宅	中宫 五黄	西正七赤 兑 西四宅
东北八白 艮 西四宅	北正一白 坎 东四宅	西北六白 乾 西四宅

九宫还包括色彩与数字。色彩是白、黑、碧、紫、黄、赤、绿。数字是从一到九。白是大吉，紫是小吉，绿次之，黑为凶位。吉方宜建正房与宅门。但是，如果主人的身份不够，就不能在中轴线上开辟宅门，只能选择东南角的位置。在北京，只有皇宫与王府例外，因为主人的身份高贵。即使这样，宫门或府门与中轴线也是有几分偏离的。

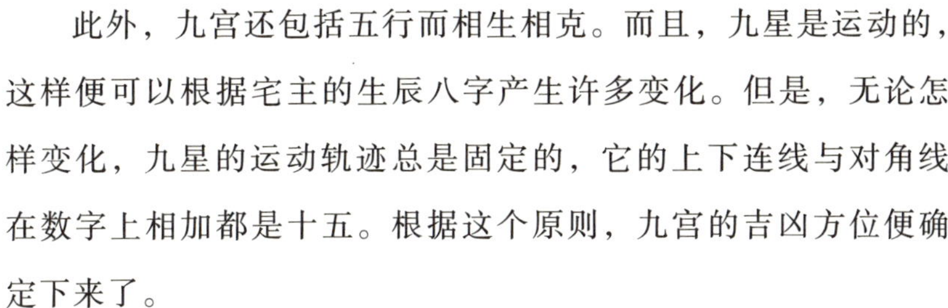

此外，九宫还包括五行而相生相克。而且，九星是运动的，这样便可以根据宅主的生辰八字产生许多变化。但是，无论怎样变化，九星的运动轨迹总是固定的，它的上下连线与对角线在数字上相加都是十五。根据这个原则，九宫的吉凶方位便确定下来了。

以上是从九宫的角度谈影响。从建筑学与地理环境的角度来说，北京的纬度较高，房屋坐北朝南，易于采暖通风，故而正房要建筑在庭院北部。冬季的北京是寒冷的，为了最大限度地汲取阳光，避免两厢与倒座的阴影遮住正房，庭院设计为正方形，这是很科学的。与宫廷、衙署、会馆、寺庙不同，四合院不是公众聚会的场所，是私人住宅，追求隐蔽性，因此它的宅门不设在中轴线上，而是开辟在东南或西北位置，这就充分考虑到建筑的功能。

晚清以后，由于西方文化的传入，北京的四合院也多少受到影响。具体说，有这样几点：

一、在院内构筑西式建筑。比如后圆恩寺胡同 7 号，西部是四合院，东部是花园，中部是一座西式楼房。

二、构筑西式宅门。在北京的街巷，至今还存在不少这样的门楼。

三、外檐与内檐装修受西方影响。比较明显的是把室内的纸顶改为抹灰顶，砖地改为木板地，窗户改为外推式，安装电灯、暖气、自来水、卫生设备，把倒座房的某一间改为汽车房，等等。比如前海北沿 14 号是一座典型的四合院，坐北朝南，位于前海北岸，风景极好。14 号有五间倒座，最西端的一间被改

造为车库，但是倒座的进深不够，因此在车库的北侧又加盖了两间房子，介于倒座与西厢房之间。北边的一间作锅炉房，南边的一间与车库相通。

什刹海地区的四合院作为北京四合院的组成部分，也是如此，只是由于环境的不同，有些细微的区别而已。比如大金丝胡同的5号与7号原本是一处院落，这处院落的主体是一所三进四合院，从南向北的建筑物依次是：宅门（如意门，包括倒座）、垂花门、厢房、正房、后罩房。主院的东侧还有一处狭窄跨院，跨院南部是一座车门。车门不是与宅门而是与厢房的南山墙大体处在同一基线上，也就是说，相对宅门，车门向南退缩，从而与宅门构成了一个曲尺形状的狭小空间。之所以会出现这种情况，在于环境逼仄，胡同曲折，迫使宅院的主人，不得不因地制宜而为之。与别处四合院的游廊不同，这里的游廊不是位于正、厢之间，而是位于正房的东部、西部与北部，从三个方向把正房围绕起来；游廊平坦的顶部，也呈现出独特风格。这处院落在乾隆《京城全图》中已经出现，院落布局与现在相仿，说明后世只是对房屋进行了修缮而已。这处四合院距今已有二三百年了，是一处值得研究与保护的院落。

再一处是大金丝胡同17号，这是一处两跨三进的四合院。王敏智曾经居住于此。据介绍，王敏智的祖父曾从事为清廷置办金银首饰等物品的工作。王敏智在20世纪30年代开始悬壶济世，中华人民共和国成立以后在儿童医院工作，是著名的儿童医学专家。这座宅院是王敏智家几代人的私宅，在院落布局上，保持了北京四合院的特色。东跨院分前院、中院、后院。

西跨院的南部是诊所与药房，后部是佛堂，诊所临街，处于倒座的位置。诊所为西式结构，房门之上是拱券，当地人称“窑洞式”门。东、西院落之间是夹道与月亮门。东跨院的倒座、正房与厢房之间是抄手游廊，中院的正房是客厅，从客厅游廊西出月亮门便是佛堂。这虽然是一处普通的四合院，但是也显示出中国传统建筑中曲径通幽的妙境。

相对于大金丝胡同的两处院落，东煤厂 11 号是一处有六个院子的大院子。这六处院子在历史上，大概不是从属于一家人，而是经过多年变迁后联系到了一起，因此在布局上错落曲折，没有遵循统一的纵横轴线展开，没有严格的逻辑关系，而是任意由通道相连，显得凌乱曲折。在这六个院子里，有一处典型的四合院，有正房、倒座、厢房，围拢出一个方正的庭院。正房与倒座都有耳房，耳房的规模小，屋脊略低，与主体建筑形成鲜明对比，高低错落，使得院子的空间层次更为丰富。与普通四合院不同的是，在第二进院落中，正房是一座有五开间的房屋，但是如果加上端部的一个小开间，那么正房便是六开间了，在以建筑开间为奇数的传统模式中，这是一个很奇怪的特例。在封建社会中，普通四合院的正房一般是三开间，五开间的很少，六开间只是在这里才有，因此这是一个值得研究的建筑。东煤场 11 号曾经是中央民族乐团的办公地，因此对这个院落多有改建。在上述正房的北面有一个大体量的排练厅，破坏了院落的格局与建筑物的比例关系。现在虽然这里不再是中央民族乐团，但是许多音乐家仍然居住在这里，不时飘曳的乐声，使得这所院落被喻为“凝固音乐”的建筑，洋溢着一种流动的音乐味道。

如同北京其他地区许多精致的四合院被列入文保单位一样，什刹海一带也是如此。其中较为著名的是地安门西大街153号，这所四合院是北京市的文物保护单位，前临地安门西大街，后为铜铁厂胡同。153号有五进院落，宅门照例布置在院落的东南方向。宅门两侧是拥墙，也就是八字影壁。进入宅门后，西侧是第一进院子，垂花门之后是第二进院子，通过穿堂是第三进院子，再后是第四进院子，最后是第五进院子。第二、三、四进院子的北部有正房，正房两侧均是东、西厢房，最后，也就是第五进院子的北部，不设正房只设后罩房。第一进与第四进的院落均由回廊串联起来。宅子的主人是北洋政府时期总统徐世昌的弟弟徐世襄，现在由北京市电话教育馆使用。153号内布置的石雕，有不少是圆明园的遗物，蕴含着丰富的历史信息。

文化内涵

四合院的主要功能是家人的居住与活动场所。家人的身份与辈分不同，居住的房屋也不同。

在四合院中，正房居于首位，一般是三间，中间称明间，两侧称次间。位于东面的称东次间，位于西面的称西次间。如果正房五间，次间两侧的房屋称稍间，位于东面的称东稍间，位于西面的称西稍间。在尺寸上，明间最大，次间与稍间递减。

但是，同样是次间与稍间，在尺寸上也略有差别。东次间大于西次间，东稍间大于西稍间。之所以出现这个差别，是因为中国的传统以“左”为上。这个现象，在年代久远的房屋中十分显著。晚近的房屋则不明显了，甚至与明间的尺寸都完全一样。

次间一般做主人的卧室与个人活动场所。如果主人有长子，则主人住在东次间，长子住在西次间。

主人去世以后的灵寝摆放在明间，而且要摆放在中轴线上，也就是所谓的正寝。如果是未成年人去世，或者是如夫人去世，则灵寝只能摆放在院中，或者不位于中线的房里，停灵的规矩是头北脚南。

正房两侧有时加盖耳房。耳房可以是两间，也可以是四间。三间正房两间耳房的称“三间两耳”，俗称“五间口”。三间正房四间耳房的，称“三间四耳”，俗称“七间口”。在建筑形式上，耳房比正房要低一个档次。耳房的屋顶与房基比正房低，墀头墙比正房的墀头墙要退后一个尺寸，故而进深浅。如果是一间耳房，只设通向正房的内门，一般不在室外设门。如果是两间耳房，除与正房相通外，还要在室外构门。耳房的面阔与厢房的进深保持在同一个尺度上。在耳房与厢房的北山墙之间用围墙连接，这样便出现了一个由围墙、耳房前檐与厢房北山墙围合而成的一个小院，叫“露地”。如果在厢房与正房之间有抄手游廊衔接，露地的景观会更丰富一些。耳房作为正房的附属，可以堆放杂物，也可以作为主人活动的次要场所。耳房前面的露地如果点缀一些花石，便成为别有韵味的小天地。

正房前面的厢房东西对称，相向而立，位于东侧的称东厢房，位于西侧的称西厢房。东厢房的门窗向西开辟，西厢房的门窗向东开辟。根据传统，较古老的房子也讲究“左”为上，因此，东厢房比西厢房略高。厢房通常是三间，但是如果庭院较浅，也可以灵活处理为两间。与正房不同，厢房不在中轴线上，故而不强求在间数上一定保持奇数。但是东、西厢房之间为避免门窗完全相对，在尺寸上略有差别。厢房也可以加筑耳房。厢房的耳房一般设计为平顶，在建筑学上称“盝顶”，俗称“小平台”。厢房的等级比正房低，通常作为儿女的住所。东厢房有时也作厨房，里面设有灶台，在灶台上方的墙壁上贴有灶王爷，或者灶王爷与灶王奶奶的神像，在农历腊月二十三祭灶。灶王是司命之神，祭灶是四合院里的重要活动，通常用糖瓜、关东糖做祭品，送灶王爷与灶王奶奶上天，让他们“上天言好事，下界降吉祥”。

正房的背后是后罩房，其长度与正房基本相等，但是进深狭窄，在间数上也不与正房保持一致。后罩房一般用来堆放杂物，或者用作女仆的住所。

倒座与正房南北相望，其门窗向北开辟。倒座的间数可与正房不保持一致，但是倒座的柱子不能与正房的宅门相对。倒座可以做客厅，也可以供男仆居住。

在典型的四合院里，倒座与正房之间是卡子墙，卡子墙中间是垂花门，有随墙式与屋宇式两类。随墙式的垂花门多用于园林，但是在早期的住宅中，也可以见到。屋宇式的垂花门通常采取一殿一卷式的屋顶，正面是清水脊，背面是箍头脊。清水脊下面有两根悬柱，下端做成莲花的苞蕾形状，垂花门即因此得名。但是，也有做成矩形的。垂花门的正面无门，背后有四扇屏门，一般不开启，只有重大活动时才打开。大金丝胡同5号院也是这样，在外院与内院的中轴线上是一座精巧的垂花门，垂花门的色彩虽然几乎褪尽，但仍然依稀透出绿色的影子。

垂花门装饰华丽，是进入内院的门户。讲究的四合院在垂花门的两侧往往构筑游廊，用来连接两厢与正房。由于两厢与正房之间有一段距离，游廊把二者连接的时候，必须拐90度角，仿佛把两只手抄起来似的，因此叫抄手游廊。抄手游廊在拐角的地方形成一个窝，因此也叫窝廊。垂花门与正房之间的院落是四合院的主院，是室内空间的延续，是主人与家人的休憩场所，也是举行重大活动的地方。

农历七月初七，是神话中牛郎织女相会的日子，女孩子要在这一天“乞巧”：大人在庭院里放一盆清水，女孩子把一根针放在水面上，根据针影的粗细，判断巧拙。八月十五中秋夜，合家在庭院里赏月，女眷还要在院里举行拜月活动。拜月的时候，供月光码儿与兔儿爷。中国有句俗话“男不拜月，女不祭灶”，因为灶王爷是阳性的，月神是阴性的。腊月三十晚上，庭院是燃放花炮最好的地方；有的人家还把芝麻秸铺在甬道上，让家人上去踩，把芝麻秸踩碎，谐音“踩岁”，取其吉利。举凡踩岁的人家，外面的女性是不可以进去的。

婚丧嫁娶，来往人多，房屋不敷使用。为了解决这个问题，往往在庭院里搭设大棚作为招待宾客的场所。办喜事的大棚称喜棚，装饰彩色的挂檐与大红的“囍”字。办丧事的大棚称灵棚，挂檐用蓝色或者白色，灵棚的窗户贴蓝色的“寿”字，搭置为和尚、喇嘛、道士唪经的经台。当然，大棚也可以做其他用处，比如夏天的时候，为了避暑，有钱的人家也要扎大棚，即所谓的天棚，北京人说的“天棚、鱼缸、石榴树”，就是指这样的大棚。

什刹海地区四合院的文化内涵当然也是如此。只是在使用时，根据具体情况与宅主的需求而做出灵活的处置与安排。比如上面说到的大金丝胡同 17 号，西院有诊所与佛堂；东院有三进院子，其中第一进的南边是倒座，北边没有构筑卡字墙与垂花门，而是三间北房，中间为通道，走过通道是二进院子，北部的正房没有作为宅主的住房，而是作为客厅，后院才住人。当然这是例外。随着时间的流逝，北京，包括什刹海地区的大多数四合院被改造为大大小小的杂院，不是住一家，而是住若干家，这样的原则自然化为历史的烟霭随风飘去，而其原有的文化内涵也大都丧失，只能在往事的记忆里去寻觅了。

宅门等级

四合院的宅门可以分为四类：屋宇门、墙垣门、西洋门、变异门。

所谓屋宇门就是以屋为门。具体说，又可以分为四类，即：广亮大门、金柱大门、蛮子门与如意门。广亮大门的门扉通常固定在山墙的中柱上，将门洞一分为二，前后等分。这种做法的效果是，门前的空间较大，宽敞明亮，广亮大门的称呼大概由此而来。如果中柱前移，在接近前檐柱的位置，那么，中柱改称金柱，门扉固定在金柱上，称金柱大门。金柱大门的门洞不等分，后门洞大于前门洞。如果门扉再向前移，固定在前檐柱上，则前面完全没有门洞，只有后面有门洞，这样的宅门称蛮子门。有一种说法认为，蛮子门是南方居民移居北京后构筑的，旧时满族人称南方人为蛮子，故而以此称之。中柱、金柱、前檐柱，统称山柱，门扉均是通过槛框固定在山柱上。如果取消槛框，在山柱与槛框之间筑墙，称鱼腮墙，门扉固定在鱼腮墙上，这时的宅门便是如意门了。为什么叫如意门，说法不一。有一种说法认为，如意门的门簪上常刻“如意”二字，由是称之。

后海北沿 48 号小西洋门

兴华胡同 4 号蛮子门

小石桥胡同甲 24 号如意门

西海北沿 24 号广亮大门

西海北沿 20 号金柱大门

毡子胡同 20 号小门楼

石鼓

戗檐砖砖雕

上马石

墙垣门可以分为三类，即：小门楼、随墙门、车门。小门楼是在筑门的位置上用砖砌门柱，其上起脊，有清水脊与过垄脊或其他做法。简言之，都有一个小小的屋顶，可以略避风雨。随墙门更为简陋，只是在围墙上辟一个门洞，门洞的顶端装门楣，其下装门扉，门楣之上砌砖，与墙顶的高度和形状保持一致。车门的做法是在门洞两侧构木制立柱，用一根横枋将两根立柱连接起来，之后，用类于菱角的木构件向里外出挑，承托屋顶。车门实质是一种简易的牌楼门。

门钹

清康熙以后，西式的做法传入中国，在北京出现了一种所谓的西洋门。最典型的是中西合璧式的大门。具体做法是在门洞两侧砌砖柱，砖柱之间砌砖墙，门洞起券，再上砌女墙，最常见的是匾额式，也有阶梯状或其他形状。这种大门可以是屋宇式的，也可以是墙垣式的。而局部往往采取中式做法，比如门扉，穿带不露明，有时候还要刻上门联。当然也不乏纯粹的西洋门，相比之下便是草率的了，只在局部做一些西式装饰，比如门楣、墙檐，等等。

白米胡同 11 号，张之洞故居大门上东侧的雀替

前檐梁枋与雀替

北京的宅门在一般之外，也有特殊，即所谓的变异门，简而言之有这样三种形式：简易大门、小大门、改筑大门。简易大门是在后檐墙上辟一门洞，上装门楣、门扉就可以了。小大门与屋宇门的区别是，体量小，很不起眼。为什么要改筑？一般认为，往往是原来的宅主迁徙了，新宅主的身份与广亮、金柱的制度不合，故而改建。改筑大门的主要做法是，将门扉前移，比如广亮改如意与蛮子、金柱改如意与蛮子。

以上各种样式的宅门，在什刹海地区都可以寻觅到。大翔凤胡同 14 号的宅门是广亮大门，在内、外檐柱与檐枋的下面装有雀替，其上雕刻蔓草花纹。南官房胡同 57 号是金柱大门，大门的屋顶是过垄脊，门扉与走马板涂红色，余塞板涂绿色，从而增添了一丝活泼感。兴华胡同 8 号是蛮子门，走马板涂红色，余塞板与门扉涂绿色，门槛涂黑色，三种颜色有机地统一在一起。小石桥胡同甲 24 号是一座秀丽的如意门。象鼻枭与挂落板素作，冰盘以上的朝天栏杆与戗檐则布满了精美砖雕，因为是单位使用，24 号宅门的墙面与门扉保持得十分干净，从中可以窥见北京四合院宅门的真实面目。

在帝制时代，广亮与金柱大门檐柱上的雀替，是一件既有装饰功能，又代表宅门等级的构件，只有一定品级的官员才可以使用，普通百姓是不可以使用的，他们只能够使用蛮子门以下的宅门。只要这个宅门没有经过改造，根据宅门的样式后世便可以推断出宅主的身份。可惜由于时代的变迁，房屋档案难以查索，查明宅院主人的具体身份并不是一件容易之事。

在什刹海地区，屋宇门以外，还有众多的墙垣门。毡子胡同22号是典型的清水脊小门楼。小门楼端庄秀丽，屋脊两侧的蝎尾虽然毁坏了，但是其余部位仍然保持得不错。有些小门楼虽然残败了，比如南官房1号的墙垣门，顶部塌陷了，只在门楣之上覆盖着三层浅灰色的水泥瓦，但是乌黑的门板与红色的门联却传达出只属于北京的文化神韵。这座宅门后来重新修理了，但反而不如不修，呆板俗艳，丧失了原来的秀媚与历史的沧桑之感。

什刹海地区宅门的样式是丰富的，不仅有中国传统的样式，也不乏西洋风格的宅门。后海48号与大金丝胡同12号，均是细小的西洋门，浅弧形状的拱券，之上是冰盘，再上是立柱，立柱之间是寿桃形状的女墙，呈现出一种异域风味。

时代在变化，宅门的颜色也在变化。封建时代，除贵族和寺庙大门可以涂红色外，其余的宅门，即便是一品高官的宅门，也只能涂黑色而不可以采用红色。随着清王朝的灭亡，表现在宅门上的封建等级制度，包括宅门的颜色被解禁了，所有的宅门，无论是官宦人家还是平民百姓都可以使用红色，黑色的宅门反而极少。改革开放以来，人们对颜色的使用不再简单地钟情于某一种，而是将宅门涂上自己喜欢的色彩。2009年北京市西城区房管局对沙博理居住的南官房胡同53号进行了整修，整修后的宅门没有涂红色，只是将门框涂红，门板则保持了黄松本色，透着另一种雅致而显得与众不同。

名人屐痕

什刹海历史悠久，名人众多，许多名人居住在四合院里，从而赋予这里的四合院以深刻而又丰厚的历史与文化内涵。当然，还有许多名人没有居住在四合院里，比如纳兰性德居住的明珠府，是贵族府第；张伯驹、老舍以及萧军，他们的住所也不是四合院，这里均不介绍。原因很简单，因为本书讲的是“胡同与四合院”，不居住在四合院的人物自然不在撰写范畴。还要指出的是，限于篇幅，即便是住在四合院的名人，这里也不可能一一介绍，只是简要介绍一些代表人物。而且，由于主题的限制，这里主要介绍的不是人物活动，仍然是院落格局与房屋情况。

张之洞，字孝达，号香涛，晚年号抱冰，河北南皮人。16岁中举，27岁中探花，授翰林院编修。曾任两江总督、体仁阁大学士、军机大臣，是清朝末年洋务运动中的重要人物。他在北京做官时，居住在今天的白米斜街11号，因而在什刹海地区留下了足迹。白米斜街11号，是一座巨大的四合院。大门之外有照壁、上马石。院内分三路：中路有倒座、二门、正厅、东西厢房、后堂；东路南面有两排平房，北临前海有面阔五间的二层楼；西路南面有花厅，北临前海有面阔七间的高台建筑，西侧有面阔六间的西楼。故居内较有特点并且保存较好的建筑是沿前海并列的三栋小楼及中楼前的花厅。中楼外观似楼，实为高台建筑，台上有砖砌花墙，两侧有砖砌台阶，硬山箍头脊，木结构，大式做法，灰顶天花，玻璃门窗。东楼与西楼同为硬山箍头脊，大式做法，灰顶天花，玻璃门窗，不同的是东楼是筒瓦顶，西楼是合瓦顶。1949 年以后，张之洞故居改为原石油部家属宿舍，院内建筑基本保存完好。1976 年以后因私搭住房严重，建筑格局受到影响，东部花园、假山、亭子，均遭毁坏。现院子已分割为若干封闭的小院子，难觅旧观。

张之洞故居内西侧的月亮门

蔡锷故居内院

蔡锷，原名艮寅，字松坡，湖南邵阳人。宣统三年（1911）响应辛亥革命，指挥云南起义，并成立了“大中华国云南军都督府”，任都督。1915年11月为反对袁世凯复辟帝制，逃离袁世凯的控制，在名妓小凤仙的帮助下，蔡锷从北京潜至天津，然后至日本，又从日本回到云南，起兵讨袁，成立第一护国军，任总司令。1916年任四川督军。蔡锷在北京时期寓居在棉花胡同66号，这所院子原来是天津盐商何仲璟的私宅，宅门坐东向西，由前、后两院组成。西部为前院，东部为后院。前院有北房三间、南房三间、西房五间，西房与宅门相连。后院有北房、南房、东房各三间。前、后院由一条南北走向的回廊相连，后院另有车库。蔡锷故居现在是国家气象局宿舍，格局未变，旧貌尚存，但已经破损不堪了。

陈垣，字援庵，广东新会人，原为晚清廪生。光绪三十一年（1905）与朋友共同创办《时事画报》宣传反清思想。民国初期当选为众议院议员。1921 年任教育部次长，后因不满当局剋扣教育经费等事而辞职。1927 年任辅仁大学副校长，1929 年任校长。1952 年辅仁大学并入北京师范大学后，改任北京师范大学校长。

陈垣故居大门

陈垣故居，位于兴华胡同 13 号，是一所坐北朝南二进的合院。外院，南房三间，无廊，东西厢房各一间。外院与内院之间有卡子墙相隔，中构垂花门，绿色屏门上有四个斗方："斋""庄""中""正"。正院有北房三间、耳房两间、东西厢房各三间。北房分别为起居室、卧房和书房。西厢房为书库，书箱背对背码放，形成通道，陈垣称之为"胡同"，共计八条。查找书籍时，按“胡同”编号来查准确无误。东厢房部分用作书库，存放报刊，另一部分用作工作人员办公。故居保存完好，现在是北京辅仁大学校友会的办公地点。

熊十力，原名继智，又名定中、升恒，字子真，晚年自号漆园老人、逸翁，湖北黄冈人，我国著名哲学家。1950年，熊十力以特约人士的身份来北京参加中国政治协商会议，为此，政府有关部门安排他住在大金丝胡同13号。两年以后，熊十力离开北京到上海，将这所宅院退给了有关部门。在北京期间，熊十力回到北京大学任教，生活是安定愉快的。这期间他与董必武、徐特立、郭沫若、张东荪、张申府、梁漱溟、林宰平等人多有来往，与齐白石也颇有交往。熊十力有个义女，叫熊池生，有拔俗之资，追随齐白石学画。一天，熊池生陪侍齐白石拜访熊十力，熊十力看见齐白石裤带上挂着钥匙，感到很奇怪，就问他这么大年纪了何必还要管家。齐白石回答说小孩子不争气，非自己管不可。二人一见如故，齐白石佩服熊十力的文采，请他为母亲撰写祭文，并送画作给熊十力，还说熊十力是他最好的朋友。①

大金丝胡同13号，是一座不大的四合院，院门坐东朝西，院内有北房、南房与东西厢房。1954年熊十力移居到其子所在的上海以后，这所宅院便划归原国家机械工业部。1965年，北京市政府进行地名整顿，将大金丝胡同13号调整为2号。1979年，熊十力在上海故去，而他曾经居住过的院内的黑枣与香椿树依然生机盎然，令人感叹不已。

郭沫若，四川乐山人，我国著名的文学家，曾任全国人大常委会副委员长。1949 年以后居住在北京，原居大院胡同，1963 年迁居到前海西街 18 号，直至 1978 年 6 月 12 日病逝，在这里工作和生活了 15 年。1982 年，前海西街 18 号被命名为“郭沫若故居”，同年 8 月被国务院公布为全国重点文物保护单位，11 月 16 日举行命名仪式，1988 年 6 月 12 日正式对外开放，1994 年 7 月更名为“郭沫若纪念馆”。

郭沫若纪念馆旧址是清代恭王府马厩。民国初年，恭亲王的后代把此处卖给达仁堂乐家药铺东家乐松山。乐家购得这块地后，开始筑屋，形成今日之建筑格局。1950 年到 1956 年之间，这里改作蒙古人民共和国驻华使馆。使馆迁走后，庭院一分为三。其中，中式庭院 1960 年至 1963 年由宋庆龄居住。

郭沫若故居内郭沫若铜像

郭沫若纪念馆是一座大型四合院，院内建筑坐北朝南，大门坐西朝东。门额上方悬挂着邓颖超题写的“郭沫若故居”金字木匾。李一氓为故居书写的重点文物保护标志，镶嵌在门洞北墙正中。大门内，绿荫如翠的草坪上，安放着郭沫若铜像，他双

手交叉抱膝，双目平视，目光深邃。一条小径直通坐北朝南的垂花门，步入垂花门是由正房、耳房、东西厢房与后罩房组成的二进四合院。前院，正房五间、耳房两间、东西厢房各三间，正房与厢房之间有回廊相连。院内植有郭沫若、于立群夫妇生前栽种的花草树木。正房两间是客厅，东间是工作室，室内东南角书几上陈列着手稿箧“沧海遗粟”，珍藏着郭沫若研究古文字的手稿。东耳房是卧室，床侧摆放着他经常翻阅的二十四史。后罩房屋 11 间，正中是夫人于立群的写字间（画室），西侧是于立群的卧室，物品均按原样摆放。原秘书办公室和子女住房的东西厢房，被改为“文学室”和“史学室”，陈列有关郭沫若一生事迹的图片和纪念物等。东侧有一带月亮门的小跨院，通往郭沫若在世时的饭厅，后改为会议室。

纪念馆里存放着大量的郭沫若手稿，以及他收藏的书籍、拓片、书画、信函、生活用品等，各类文物共计 11600 件。其中手稿 1500 余种，拓片 6500 余种，还有书法、图书、图画及各国领导人和友好人士赠送的礼品等。

梅兰芳，名澜，字畹华、浣华，梅兰芳为其艺名，原籍江苏泰州，生于北京。梅兰芳在北京有多处住所，1951 年至 1961 年，住在护国寺街 9 号，在此度过了人生的最后十年。1985 年 12 月，将此地定为梅兰芳纪念馆，次年 10 月 27 日举行开馆典礼，接待观众。

梅兰芳纪念馆是一座二进四合院，原来的产权属于庆亲王府，但与庆亲王府并不相连。纪念馆坐北朝南，红漆大门之上悬挂着邓小平题写的“梅兰芳纪念馆”匾额。大门内青砖影壁前面安放着梅兰芳的半身塑像。外院有倒座房三明一暗，原是大客厅，现改作展室。进入垂花门，屏门后有四个石质雕花小墩和一个花岗石的水池。北房中为客厅，客厅西侧为梅兰芳的书斋，取名“缀玉轩”，是梅兰芳生前写作、绘画之处。书斋内藏有多种善本、孤本的剧本。客厅东侧是起居室。东、西厢房各三间。北房与厢房之间有游廊。院内植有柿子树两棵、苹果树和海棠树各一棵，喻“事事平安”之意。另有西跨院。今正院北房依然保持着梅兰芳当年在此生活的原貌。外院展览室以图片和实物，介绍梅兰芳一生的艺术生活和社会活动。

顾随，字羡季，河北清河人，晚年自号驼庵，是辅仁大学的著名教授。1943 年，顾随从碾儿胡同迁到南官房胡同 20 号。这是一所三进四合院，分外院、中院、后院，住有 7 户人家。大门坐北朝南，院内有两棵古槐，盛夏之际洒下一片浓荫，把顾随的一家也映进油然的绿意。1965 年，南官房胡同 20 号变更为 51 号，居民也逐渐增多，从原来的 7 户增加为 21 户，成为彻底的大杂院。

早在 20 世纪 20 年代，顾随便开始小说创作，比较著名的有短篇《反目》《废墟》《孔子的自白》等。顾随讲究民族气节，精于词的写作，北平沦陷时期，他所创作的《临江仙》是首著名的爱国诗词。在这首词中，他痛斥日本帝国主义的残暴行为和汉奸助纣为虐的无耻行径。顾随善于授课，他的学生周汝昌说：“顾师讲课，特色最大，魅力长存。”他在讲课的时候，从不照本宣科，他的女弟子叶嘉莹评述他的课说：“先生所讲授的乃是他自己以其博学、锐感、深思，以其丰富的阅历和创作之

经验体会和掌握到的诗歌中真正的精华妙义之所在”[②]。在顾随的謦欬之下，学生们真是如坐春风，神飞思跃而灵智开通了。

注释：

①②王彬主编:《金丝套》，中国文史出版社，2009年12月，第278、281页。

第四章◎海湄景观

由于有大片水域，什刹海地区的景观自然不同于其他区域：在习见的灰墙灰瓦之外，还流动着只属于“水”的灵动与气韵。而且，由于这里多贵族府第与寺庙，又蕴藉着一种高华气度与宗教氛围。近年，随着大量的酒吧落户于此，这里漫溢出浓郁的另类风韵。

长虹卧于碧波

什刹海的环境十分优美，明代茶陵派诗人李东阳曾经在这里居住，在他众多吟咏这里的诗歌中有这样一首：

沙崩树根出，细路萦如栈。
垂柳隔疏帘，人家住西岸。[①]

诗的题目是《杨柳湾》。据考证，这个地方在后海南岸一带。具体地点，金受申在《夏天的游赏》中指出："后海南岸那一段河渠，到李广桥转弯处谓之'杨柳湾'。"[②]"李广桥"，位于羊房胡同东口，20世纪50年代拆除；"那段河渠"即玉河在当时也改为暗渠，于其上筑路称柳荫街，冥冥之中接续了五百年以前的历史。虽然桥与河都消失了，但是风景不殊，仍然是一处宜人居住的地方。

李东阳还有不少以"西涯"为题的诗。西涯是他居住过的地方，在今天的前海西岸。对于那一带，李东阳笔端的景色是"辘轳声里田田水，杨柳枝头树树莺"[③]"拂树穿云二里堤，绿荫深处鹁鸠啼"[④]：有茂密的杨柳和浩荡的水波，辘轳声中不时传出黄莺与斑鸠的清脆啼声。李东阳对这里的景色赞颂不止。

清代大词人纳兰性德居住在后海北岸，他在《渌水亭宴集诗序》中描摹他家的环境是："墙依绣堞，云影周遭；门俯银塘，烟波滉漾。"[⑤]晚清时期的震均在《天咫偶闻》中，则把这里喻为长安的曲江："玻璃十顷，卷浪溶溶。菡萏一枝，飘香冉冉。想唐代曲江，不过如是。"⑥

鼓楼

前海

什刹海地区不仅有“海”，还有河：一是通惠河，二是玉河，三是环绕在三海周围的套河。通惠河开挖于元朝的至元年间，郭守敬于至元二十八年（1291）提出规划，次年施工，第三年竣工。从此，南方的漕米可以通过通惠河直抵大都。玉河开挖于明代中叶，原因是其时什刹海上游的水量逐渐减少，为保证下游皇城的用水，于是在德胜桥的东南开挑了一条岔河，将积水潭（西海）的水通过西压闸（西压桥）引入皇城，富裕之水才通过响闸，流进前海，再从前海流进后海。前海位于后海的东南，这样便出现了水从东向西流动的现象。中国的地理形态是从西北向东南倾斜，江河的流向一般是由西北向东南流泻。什刹海地区由于玉河与西压闸的缘故，人为地改变了“海”水的正常流向。这条岔河的形状弯曲，人们形象地称其为月牙河；又因为这条河是为皇宫服务的，因此又称御河，谐音玉河。除玉河以外，什刹海地区还有一条小河，围绕前海、后海、西海转了一圈，仿佛套了一个翠绿的项圈，因此人们把它叫作套河。

1949 年 10 月，中华人民共和国成立，次年开始对北京的河流湖泊疏挖整治。在这一年的夏天，北京市卫生工程局成立了四海施工所，对前海、后海、西海与西小海进行疏浚。前面说到，前海当时分为两个水面，在前海的西部横亘着一道土堤，时称和堤，清朝末年开始出现的荷花市场就位于这条土堤之上。和堤东侧的水面仍称前海，西侧的叫西小海。前海、后海、西海、西小海当时并称四海，因此 1950 年对什刹海进行疏浚时，北京市卫生局组织的工程单位称四海施工所。6 月 4 日，四海施工所开工，11月26日完工。这次对什刹海的整治工作为：清除淤泥，浚深海底，砌筑护岸；将套河填平，玉河改为暗沟，使水流不再通过套河，而是从德胜桥下的河道直接进入后海，再经过银锭桥流进前海，恢复从西向东的流向。同时，开始了把西小海改建为游泳池的工程，直到1951年6月才建好，称什刹海人民游泳场。游泳场的水面有3.35万平方米，可以容纳4000人游泳。1958年在游泳场内建北京市什刹海青少年业余体育学校（1985年改为北京市什刹海体育运动学校），游泳池的水面大为缩小。1974年将游泳池填平，西小海从此彻底消失。虽然水面减少了，套河与玉河消失了，但是什刹海作为什刹海地区的特殊景观依然没有变化，明媚的水波在苍灰色的屋瓦之间闪烁荡漾，迥然不同于北京市内的其他居住地。

有水必然有桥，什刹海地区最重要也最著名的桥是万宁桥。

万宁桥（后门桥）位于北京旧城中轴线北段、地安门外大街中部，横跨通惠河，始建于元至元年间，因靠近海子（今什刹海），俗名“海子桥”。《析津志辑佚》载：“万宁桥在玄武池东，名澄清闸。至元中建，在海子东。至元后复用石重修。虽更名万宁桥，人惟以海子桥名之。”⑦进入清代，因其在地安门之北，地安门俗称后门，故桥亦随门而称，称地安桥，俗称后门桥。《宸垣识略》指认：万宁桥在鼓楼南，名澄清闸，即今后门桥。

万宁桥是通惠河的重要枢纽。桥西设澄清闸，通过蓄水放闸，可以使沿京杭大运河北上的漕船直抵积水潭码头，对保障大都城的供给至关重要。明朝皇城东扩，把通惠河圈进皇城，通惠河丧失了通航的作用。

万宁桥，初为木构，后改石筑，单孔拱券，长约34.6米，宽约17米。桥拱净跨度约7.2米，拱高约3.5米。东西两侧设栏板与望柱，两端戗抱鼓石。东侧有望柱13根，栏板12块；西侧有望柱16根，栏板15块。望柱方形，莲花柱头，高约1.66米。栏板高约0.9米，宽约1.8米，上部镂空，雕刻宝瓶与云朵，下部实心，浮雕纹饰，简洁古朴。在拱顶石（龙门石）东西券脸正中各有一石雕镇水兽，称趴蝮。趴蝮是龙的一种，传说趴蝮好水，因此古人在修建桥梁时经常把它雕刻在拱顶石上，希冀借助趴蝮的力量镇压洪水，同时也美化了桥梁。2000年整修万宁桥时清理出另外六尊镇水石兽，桥东二尊：南北两侧石泊岸的上沿各一尊；桥西四尊：南北两侧石泊岸的上沿与下沿各一尊。其中，桥东侧北岸的一尊颌下刻有“至元四年九月”字样，造型与雕刻风格简洁质朴，余为明代遗物，造型生动，雕琢精细。

万宁桥西侧的大运河保护界桩

1924年于桥面铺设有轨电车道，1936年铺筑沥青，此后几经筑路施工，桥面已完全被沥青覆盖，仅存饱经风雨剥蚀的两侧桥栏。1951年对万宁桥进行养护维修时，桥下河道尚通水。

万宁桥

金锭桥

1953年在河道之上覆板，将河改为暗沟，澄清闸从此被掩埋于地下。70年代于暗沟之上建房。80年代在桥的东西两侧搭建巨幅广告牌。1984年5月24日，北京市政府将此桥列为北京市文物保护单位。1994年北京市文物部门曾对其进行小规模维修。1999年6月，北京市政府批准市文物局对万宁桥进行大规模整修，8月正式开工，拆除了万宁桥东西两侧的广告牌与修建于河道之上的房屋；把桥两侧的暗沟挑开，恢复了水面；修整了河道堤岸，补充加固护栏，增建周围绿地。次年12月竣工。根据北京大学教授侯仁之先生的建议，经北京市地名办公室批准，万宁桥恢复了原名，但在北京百姓的口中仍然习惯叫后门桥。

万宁桥的西侧是金锭桥，二桥之间曾经是盖板河，修复万宁桥以后将其挑开成为明渠，游人难以通行，便修建了这个桥。桥建成以后，时任北京市副市长的汪光焘致函侯仁之先生，请他命名。侯先生思虑再三，复函曰：考虑到桥名必须便于称道，又应与什刹海上的风物相结合，因而联想到前后海之间有银锭桥，创自明代中叶，立足桥上西山在望，遂有银锭观山之称……联想及此，因而建议前海东岸新建石桥即命名为金锭桥。

金锭桥是一座三孔石桥，中孔较大，两侧略小，桥身为汉白玉砌筑，两侧的中心栏板上镌刻侯仁之先生题写的“金锭桥”三个字，是什刹海地区最年轻的桥。金锭桥的西北是银锭桥。银锭桥位于前海与后海交接处，是连接两海的津梁，也是连接烟袋斜街与金丝套地区的枢纽，是什刹海地区的核心景观。

橹船

前海中的小岛

飘游海面上的橹船

银锭桥始建于明代，南北方向，单孔石碹。桥名之由来，一说是原桥之状犹如倒置的银锭；一说是原桥的基座系柏木桩，柏木桩之间用银锭形状的铁钉连接。银锭桥原为砖石结构，1984年改为汉白玉石桥。桥身加长至8.3米，桥面加宽至5.9米，桥高3.55米。桥身中心栏板镌刻故宫博物院副院长单士元先生题写的“银锭桥”三个字。但是，修复后的桥洞依然狭窄，影响了前海与后海的通航。1990年5月，再次改建，将银锭桥的桥体改为钢筋混凝土浇筑，桥面和栏板、望柱采用汉白玉。两侧各有6根望柱，柱高1.2米，柱头浮雕宝珠莲瓣。两柱间嵌以栏板，高0.76米，宽1.38米，上部镂空，雕有宝瓶云朵，下部为实心板，单士元先生题写的“银锭桥”三个字仍然镌刻于正中栏板。改建后桥面加宽至7.9米，桥孔加高至4.35米，这样小型游船便可以来往于桥下，为什刹海地区旅游事业的发展创造了条件。改建后的银锭桥与原来的银锭桥，在形状上发生了很大变化，为了使其与银锭形状相似，特意在桥头的两侧镶嵌了四枚银锭形状的铁钉。

银锭桥虽然不大，但知名度颇高，是北京著名的旅游景点，俗称“银锭观山”。所谓“银锭观山”是指站在桥上眺望西山翠色，欣赏“晓青暮紫，近如可攀”的景象，明人孙国敉《燕都游览志》记载：

> 银锭桥在北安门海子三座桥之北，此城中水际看西山第一绝胜处也。桥东西皆水，荷芰菰蒲，不掩沦漪之色。南望宫阙，北望琳宫碧落，西望城外千万峰，远体毕露，不似净业湖之逼且障也。[8]

刻在石头上的什刹海

老北京民谚中有"银锭观山水倒流"之说，正是将远眺西山与俯观流水的景象结合在一起的表述。前些年积水潭医院修建住院楼，将西山遮蔽，银锭观山的现象消失了。而上面说到的什刹海从东向西流动的景象随着水道的改变也早已不存。虽然如此，银锭桥由于特殊的地理环境仍然受到人们的重视。1989 年 8 月 1 日，银锭桥被列为西城区文物保护单位。2001 年于桥东南树立石碑，碑之阳镌刻杨萱庭手书"银锭观山"四字，碑之阴镌刻朱家溍撰文并书丹的银锭观山碑记。

银锭桥的西北是德胜桥。德胜桥位于德胜门内大街，介于后海与西海之间，始建于明代。德胜桥单孔石拱，长约 18 米，宽约 11 米。桥两侧筑有女墙式栏板，各有望柱 6 根，高 1.2 米，方形。栏板 5 块，高 1 米，宽 3.1 米。望柱与栏板砖砌，外包水泥。

民国八年（1919）的京都营造局档案记载："德胜桥改穹窿为平缓形，将桥面石件加工后重新铺墁。添设步道于两侧，栏杆石件经整修后原位安装。"穹窿即高拱，改为缓坡应是微拱形状了。1950 年对什刹海进行整治，德胜桥也在其中，今天桥面的弧度与形状很可能是那时定型的。德胜桥的拱顶上方原有一尊镇水兽，为清同治年间永泉庵的住持法明联合桥西真武庙的道人，共同捐资镌刻而成的，取名"镇海神牛"。镇海神牛高约二尺，探出桥身，头如麦斗，二目圆睁，角似铁塔，牙像排刀，鼻窦黢深，大有吸尽海水之势。这尊"镇海神牛"与汇通祠下的"镇海石螭"以及崇文门外镇海寺的"镇海铁龟"，旧时在北京并称为"镇海三宝"。1950 年玉河改造工程开始时"镇海神牛"尚存，工程进入修筑堤岸阶段后，便不知去向了。

1984 年对德胜桥大规模修缮。1987 年在桥东修建了后海儿童乐园，树立康克清于 1987 年 5 月题写的"西城区什刹海儿童乐园""西城区儿童乐园兴建记"与"向资助什刹海儿童乐园的单位和个人致敬"的石碑，以示纪念。德胜桥于 1989 年 8 月 1 日被列为西城区文物保护单位。2007 年 6 月开始对德胜门内大街进行改建，路幅加宽，德胜桥不再处于道路中心位置而是偏向西侧，同时砖砌的女墙也改为青色石材的栏杆而非复旧观。

德胜桥

德胜桥一带风光秀丽，多高柳、寺庙，在历史上，从明代开始，德胜桥东便出现了大面积稻田，至清代尚有记载，称此地有“稻田八百亩，以供御用，内监四十人领之”⑨。桥的两侧是漂萍映波，黍稷粳稻。《帝京景物略》称赞这里是“堤柳行植”与“畦中秧稻，分露同烟。春绿到夏，夏黄到秋”。⑩在这里，可以根据绿色的深浅，判断春事的深浅；根据黄色的深浅，判断秋事的深浅。在这里，初春可以听到“声疾以欲”⑪插秧的歌声；夏季可以听到“声哀以啭”⑫桔槔的响声；秋季正是丰收的季节，在这里又响起了“声哗以嘻”⑬赛社的歌声。此情此景，屐痕至此的江南游子能不思念家乡？“南客偏宜水，北田亦插禾”⑭，留恋不舍，可惜夜色已深：“视听殊未尽，无奈夜深何？”⑮不得不回家了。

在历史上，什刹海地区还有不少桥梁。著名的有西步粮桥、李广桥和三座桥。西步粮桥位于地安门西大街北海公园北门外东侧，与东步粮桥相对应。《京师坊巷志稿》述载：西步粮桥俗称西压桥，以皇城跨其上也。玉河水由此入西苑。明永乐年间修筑的皇城北城墙靠近此桥，为了使城墙跨越河渠，将石桥向南接长一段桥台和石拱碹，皇城城墙从加宽的石拱碹上通过，世人误认为皇城墙压在原桥上，故而有了西压桥之说。其实并未压在西步粮桥之上。

西步粮桥为单孔石拱桥。1924 年于桥面南侧铺设有轨电车轨道。1950 年将北侧燕翅石墙拆除，向北砌筑石挡墙，挡墙上砌砖护栏。1953 年将北侧挡墙上的砖护栏拆除，以挡墙为平台，搭盖钢筋混凝土板梁，在板梁上及其两端修筑步行道。1970 年将桥拱脚以上部位全部拆除，利用原有石桥台加盖钢筋混凝土板梁，同时将北面旧混凝土板梁更换为承载力较大的钢筋混凝土板梁。在外观上，西步粮桥丧失了桥的外形，但是在功能上仍然承担着桥的作用，前海之水仍然从桥洞流进北海。

李广桥位于柳荫街北端，据说是明弘治年间的太监李广所建，遂名。后亦被称作黎（藜）光桥、李公桥。李广是明孝宗的随身太监，深受宠信，在前海西岸建有私邸。为了装点自己府内景观，李广私引玉河之水环绕府邸，并横跨玉河修建了石桥。清人法式善在其所著《存素堂文集》云：煤厂为李西涯故居，西则李广桥，弘治时太监李广以符箓获幸，桥或广所造。奸珰遗秽，桥亦蒙羞，后人易名黎光。又嫌文饰，不如直呼李公桥。认为李广是奸佞之人，这么一座漂亮的石桥不应该以其为称，而应该改名。

当年李广桥一带景致殊幽，《京尘杂录》描述这里：

明湖混漾，大似江南水国，每过其地，辄令人起秋风莼鲈之思。有龙庆堂，水槛、回廊，轩窗四敞，盛夏入其中，一望芰荷芦荻，间与凫鹥鸥鹭，上下浮沉，熏风媵凉，心清香妙，恍如置身海上三神山。[16]

从西海远眺德胜门箭楼

李广桥，东西向，是一座单孔石拱桥，玉河未改暗沟之前，这座桥是德胜门内大街与后海南沿的重要通道，1950年改造玉河时将其拆除。而在历史上，李广桥的南侧还有两座小桥。这两座小桥都没有名称，即所谓的无名桥。再往南是清水桥，转向东南有板桥与三座桥。为什么叫三座桥？原因很可能是从北折向东南，这是第三座桥。如同“第三个儿子”简称“三子”一样，三座桥不过是第三座桥的简称，并非这里有三组桥。三座桥位于三座桥胡同的北端，南北走向，是一座单孔石拱桥。

三座桥的东侧是响闸，海水流经此闸之时，跌落而下，由于落差的原因，发出强烈的轰鸣之音，因此叫响闸。三座桥与响闸均在玉河改造时消泯，只能从古人的诗句中追寻了。明人李东阳作《响闸》曰：“春涛夜忽至，汩汩溪流满。津吏沙上来，坐看青草短。”清代的施闰章作《响闸》。诗曰：

片雨城头送夕阳，池边楼馆受风凉。
潺潺流水管弦思，袅袅浮云荇藻香。
近浦雕栏齐系马，入筵雪鲙施烹鲂。
登临莫引江湖兴，杨柳河桥似故乡。⑰

正是雨后的凉爽时光，夕阳西下，浮云袅动，玉石雕砌的栏杆、荇藻的香味、披风摇曳的柳丝，海水流经响闸奏出犹如管弦繁响一样的美妙之音，深深扣动了诗人心扉，触发了诗人浓郁的思乡之情。

眼波流转在眉心处

胡同景观的实质是胡同内部的建筑与远处的高耸建筑不同界面的综合体。

胡同内部的主要建筑是四合院。但是，置身于胡同，只能看到建筑外部，因此，反映于胡同景观的只能是四合院的宅门、围墙、房屋后檐墙以及附属物的界面与空际线。

胡同里的天际线

北京四合院的正房、倒座、厢房通常采用硬山样式。房屋的后檐墙袒露于外，在后檐墙之外没有围墙，只在正房、厢房

酒吧前面的旅游三轮车

临海店铺

与倒座之间有围墙连接。如果一座四合院坐北朝南，而又横据两条胡同，这座四合院倒座的后檐墙自然袒露在一条胡同的北侧，正房的后檐墙则位于另一条胡同的南侧。但是，这样的四合院属于大四合院，一般的四合院只占半条胡同，正房的后檐墙被位于其北侧的四合院所遮挡。这样，这两座四合院便如同一座大四合院分别将其倒座与正房袒露在胡同的两侧。具体而言，胡同的北侧是一座四合院倒座的后檐墙，胡同的南侧是另一座四合院正房的后檐墙，这些正房的与倒座的后檐墙构成了胡同景观的主体。

如果说，后檐墙是胡同的背景，那么，宅门则是胡同的点睛之笔；如果说，后檐墙的主要材料是青砖，那么，宅门的颜色基本是朱红色。大面积的青色后檐墙与小面积的精致朱红宅门构成了胡同的主要景观。但是，由于什刹海地区特殊的地理环境，比如濒临海面，胡同走向倾斜，多曲巷、小巷之类，使得这里胡同的景观也呈现出不同特色。具体而言，在位于前海、后海、西海的地方，那里的胡同只是半边胡同，一边是灰墙黛瓦，院落参差，一边是粼粼水波，紫燕呢喃，碧柳毵毵，是北京最美丽的胡同。而在金丝套地区，景观又不一样了。金丝套位于前海与后海的夹角之间，西面是柳荫街。柳荫街在历史上是玉河，这意味着金丝套地区曾经是一座岛屿，玉河被改造为道路以后，金丝套才演变为今天的形状，成为一处半岛。前面讲过，北京的胡同起源于元代，胡同以东西向为主，南北向为辅。但是，无论是东西方向还是南北方向的胡同，一般均是规整的直线式道路，胡同与胡同采取平行的姿态，很少有弯曲扭

结的。金丝套地区则不是，这里的胡同不是相互平行，而是与“海”的走向平行。靠近后海的后海南沿、北官房胡同与后海的走向相平行，靠近前海的前海北沿与前海的走向相平行。这些胡同不仅走向怪异，而且地表形态也高低不一：以大金丝胡同为基点，向南北两侧的“海”面倾斜，越是靠近“海面”的胡同地势越低。最突出的印象是站在南官房胡同可清楚地看到前海北沿院落的屋顶。这样的景观在地势平衍的胡同中是不可能见到的。为了追求正南正北的朝向，这一带的院落往往与胡同采取 45 度夹角，这样的景观也是其他地区的胡同所难以见到的。

什刹海地区拥有众多的贵族府第。至今仍了然可数的有醇亲王府（北府）、恭亲王府、罗王府、庆亲王府与涛贝勒府。这

泊在前海北沿的一辆吉普。什刹海不仅是旅游区，也是百姓的居住区，有生活也有时尚

门洞里的理发"馆"

夜幕初上

些贵族府第在建筑的材料与格局上均与普通民居不同。王府的大门，不受一间限制。在清代，亲王府可以采用五间大门。与四合院不同，王府的府门不是位于东南角，而是安排在中轴线的南端。在建筑形式上，是兽脊、硬山、筒瓦，亲王府的正殿还可以采用绿色的琉璃瓦。另外，王府基本用围墙维护，这样王府表现于胡同景观的，不是后檐墙而是高峻的围墙。拥有王府的胡同，比如前海西街、定阜街与后海北沿的胡同景观自然呈现出不同风格，或者说是表现于建筑方面的贵族风格。

眼波流转在眉心处

可以眺望西山岚影的银锭桥

水波追随橹船缓缓流入北海

在建筑的格局上，与王府近似的是寺庙。寺庙的山门也在中轴线上，建筑形式一般是歇山顶，灰筒瓦。大的寺庙，还要在山门外摆放石狮子，也筑有很高的围墙，而且要涂上朱红的颜色。规格狭小的寺庙则没有这样的气派，往往只是兽头脊的墙垣门，这样的寺庙在北京居大多数，1949 年以后，基本改为民居了，尽管这样，但建筑形式与格局仍然没有变化。比如小新开路的通明庵是一座小寺，仅有大殿三间，南、北配殿各三间，现在已成为普通百姓居住的院落，但依然保持了寺庙的风格，使得小新开路的景观发生了变化。什刹海地区庙宇众多，不仅有释庙、道观，还有伊斯兰教的清真寺和基督教的教堂、修道院，总计一百余处。

这些府第与庙宇，极大地丰富了什刹海地区的胡同景观，使其不同于其他地区，呈现出一种高贵、超尘的风貌。而伊斯兰教的清真寺与基督教的教堂又为这一带的景观增添了异域色彩。

什刹海地区毗邻钟楼、鼓楼。其中，钟楼高 47.9 米，鼓楼虽然略低——高 46.7 米，但是体量巨大。钟楼是重檐歇式建筑，材质以砖为主；鼓楼是木结构的重檐歇山式楼阁。这两座楼阁是北京内城中轴线上最北端的地标性建筑，巍峨壮丽，是什刹海地区的远处景观。鼓楼“飞檐杰阁，翼如焕如”，钟楼则形态高峻，娟秀可爱。乾隆皇帝称赞道：“尺木不阶，屹然巨丽。拔地切云，穹窿四际。岌嶫峥嵘，金觚绣甍。鸟革翚飞，震耀华鲸。”⑱ 清初的诗人宋荦曾经居住在银锭桥附近，重访旧居时吟哦了一首诗，其中有这样四句：“鼓楼西接后湖湾，银锭桥横夕照间。不尽苍波连太液，依然晴翠送遥山。”[19]“后湖”即后海，银锭桥接连前海与后海，被喻为“眼波流转在京城眉心处”。桥北是著名的烟袋斜街，桥南是曲折的银锭桥胡同，曾经以海潮庵闻名。伫立桥头，西向可以眺瞰远山缥缈的翠痕，北望是恢宏美丽的钟楼与鼓楼，远山、石桥、杰构与胡同互为图形与背景，而绿色的波浪轻缓地向南方涌动，与浩瀚的北海相接，也就是所谓的“太液”，又是一派恢宏的皇家气象了。

气象高华

什刹海地区拥有众多贵族府第，主要有恭王府、醇亲王府、庆王府、罗王府、涛贝勒府、棍贝子府与兆惠府等。这些府第不仅为什刹海地区的景观注入了贵族气息，而且极大地丰富了这里的人文内涵。

恭王府位于什刹海前海西街 17 号，早先是乾隆时大学士和珅的宅第。嘉庆四年（1799），和珅获罪后宅第被罚没入官，嘉庆皇帝将宅第的大半赐予其弟永璘，时为庆王府。咸丰践祚以后，又将其赐予其弟奕䜣，是为恭亲王府。奕䜣故后，其嗣孙溥伟袭爵，成为新的府主。民国时期，溥伟将恭王府抵押给西什库天主教堂。到了 20 世纪 30 年代初，原押款加上历年利息累计近 20 万银圆，溥伟已无力偿还。1932 年罗马教廷以 108 条黄金偿还了这笔欠款，王府产权遂归辅仁大学。1937 年辅仁

大学将府、园改作女生院（辅仁女部）。1950 年至 1966 年期间，恭王府曾被北京师范大学、北京艺术学院、中国音乐学院、中国艺术研究院等单位使用。1961 年，周恩来总理莅临视察，指示要保护好恭王府，尽早开放。“文革”以后，恭王府的修复和保护工作受到党和国家领导人的高度重视，国务院副总理谷牧曾多次指示，并亲自协调搬迁工作。1982 年 2 月 23 日，国务院将恭王府及其花园列为全国重点文物保护单位。随后成立恭王府修复委员会，谷牧任主任。同年，文化部成立恭王府花园修缮管理处，1987 年改成文化部恭王府修复管理处，同年，7 月 7 日花园部分正式开放。1990 年，文化部恭王府修复管理处更名为文化部恭王府管理处。2002 年 11 月底，中国艺术研究

恭亲王府的狮子院

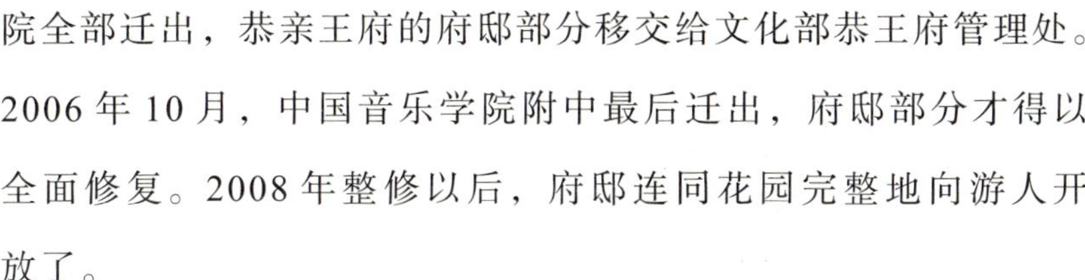

院全部迁出，恭亲王府的府邸部分移交给文化部恭王府管理处。2006 年 10 月，中国音乐学院附中最后迁出，府邸部分才得以全面修复。2008 年整修以后，府邸连同花园完整地向游人开放了。

恭王府坐北朝南，分为东、中、西三路，以严格的轴线贯穿着多进四合院。中路：大门，三间启门一，置石狮一对。大门内是五间二门，二门内是正殿及东、西配房。民国十年（1921）中秋，因烧香失火，正殿被焚毁，只存台基与柱础，现在已经修复。其后是“嘉乐堂”，恭亲王成为府主后将其改为神殿，是祭神与祭祖的地方。嘉乐堂的东配殿为神器库，西配殿为银库。嘉乐堂与东、西配殿转角处以廊屋相连接。中路主体建筑屋顶全部采用绿琉璃瓦与吻兽。东路有两个院落。正厅及东、西配房均为五开间，硬山灰筒瓦。前院正房“多福轩”，是奕䜣的客厅，墙上布有各体福字，院内植藤萝一架。英法联军入侵时，奕䜣曾在“多福轩”接待过英法谈判代表。后院正厅“乐道堂”，是奕䜣的起居室。西路：前院正厅“葆光室”，匾额是咸丰皇帝御笔；后院正厅“锡晋斋”，原名“庆颐堂”，是和珅时的堂名，源于乾隆皇帝所赐“庆颐良辅”匾额，奕䜣得晋陆机《平复帖》后改作“锡晋斋”（一说溥伟所起）。厅院南部有垂花门一座，上悬慎郡王允禧所书“天香庭院”匾。东、中、西三路院落北端，有一幢东西长约 160 米、贯连 99 间半的两层后罩楼：东侧悬挂“瞻霁楼”匾，西侧悬挂“宝约楼”匾。

恭王府花园的西洋门

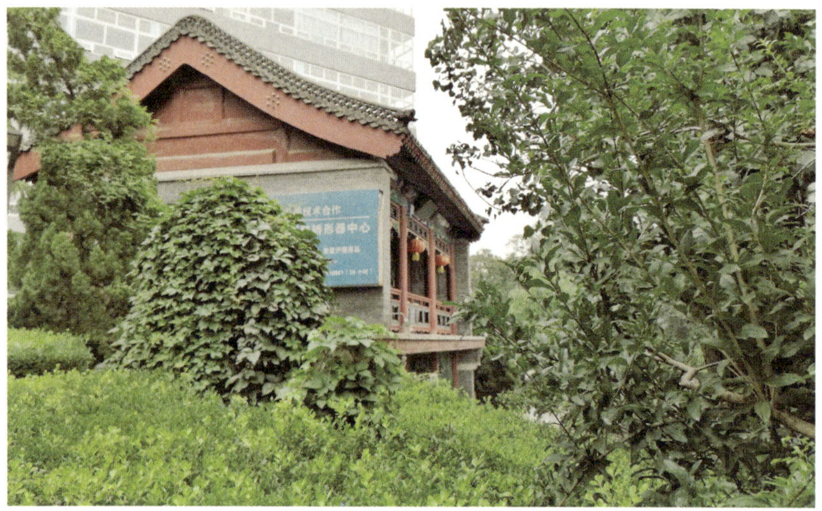

棍贝子花园遗存

其后是恭王府花园，名曰“萃锦园”，亦分东、中、西三路。中路与府第中轴线贯通，依次有西洋门、独乐峰、蝠形水池（福河）、安善堂、明道堂、棣华轩、方形水池、龛形假山（假山洞中嵌有康熙皇帝御笔“福”字碑一通）、邀月台、绿天小隐和福厅。东路主体建筑是一进带有垂花门的院落和大戏楼一座，垂花门南侧有流杯亭，曰“沁秋亭”。西路主要有榆关、妙香亭、养云精舍、花月玲珑与湖心亭。

恭王府蕴藏着深厚的中国传统文化，集中国古代建筑、园林设计之粹，因而不仅文物界、建筑界倍加珍视，红学界的专家对它也格外关注。有专家认为，《红楼梦》中大观园的原型就是恭王府。1961 年 10 月 24 日，周恩来总理曾到恭王府视察，要求保护好恭王府，尽早开放，并提出在这里建立曹雪芹纪念馆的设想。

醇亲王北府（摄政王府）位于后海北沿 44 号，初为清康熙朝武英殿大学士明珠的宅第。明珠长子，清初大词人纳兰成德（后改名为性德）生于此逝于此。康熙四十七年（1708）明珠去世后，他的后人仍居此宅。乾隆五十五年（1790），明珠的裔孙成安，因事得罪和珅，被革职充军，籍没家产，第宅入官。嘉庆时将此宅赐予其兄，即乾隆第十一子成亲王永瑆。永瑆按照王府的规制大兴土木，不但修筑了正门五间，还建了正殿、神殿、佛堂、祠堂等建筑。但是，成亲王不是“世袭罔替”，故传至后裔贝子毓橚时，府邸由内务府收回。光绪十四年（1888），改赐醇亲王奕譞，作为醇亲王新府。因奕譞行七，人称“七爷”，府亦俗称“七爷府”。

醇亲王府（北府）街门

奕譞是光绪皇帝载湉的生父，原府邸在宣武门内太平湖（现中央音乐学院所在地）。载湉即位后，依照清朝的制度，这里成为潜龙邸，他人不得居住，只能改作宫殿或者庙宇，奕譞奏请依制迁出。慈禧太后当即下谕，将旧府升为宫殿，把贝子毓橚府第赏给奕譞，并赏银十万两修理，俟修竣后再行移居。次年又增赏银六万两，修缮西花园。同年奕譞迁入新府，然而仅年余便去世了。

奕譞故后，五子载沣袭醇亲王。载沣系光绪帝之弟。光绪三十四年（1908）十月，光绪帝去世，载沣的长子溥仪继承大位。载沣任监国摄政王，于是此府又称摄政王府。由于溥仪在此出生，故而此府又成为“潜龙邸”，依制仍须迁出。但由于新摄政王府尚未建成，未迁。辛亥革命爆发后清王朝覆灭，1912

年 1 月中华民国临时政府成立。按临时政府对清皇室的优待政策，王府属个人私产，得以保存。1924 年溥仪退出皇宫后暂居于此，后移居天津，摄政王载沣亦伴随溥仪暂住天津，1939 年载沣回京后仍居于此府。1945 年国民党军事机关占用一半。1949 年，载沣将醇亲王府售与国立高级工业学校，后由卫生部使用，2000 年卫生部迁出，国家宗教事务局迁入。

醇亲王府坐北朝南，东部是府邸，西部是花园（今宋庆龄故居）。府邸之东是马号，再东是家庙，即大藏龙华寺（今北海幼儿园托儿部使用，与府邸不相连接）。府邸建筑分三路。中路依次是：大门（街门），五间启门三，灰筒瓦歇山顶；二门（即大宫门），五间，绿琉璃瓦歇山顶，两侧是灰筒瓦配殿；之后是正殿，五间，绿琉璃瓦歇山顶，两侧是配楼；再后是小宫门，面阔三间，绿琉璃瓦硬山顶，两翼是覆盖灰筒瓦的东、西朵殿，各五间；小宫门之后是神殿及东、西配殿，神殿五开间，歇山顶覆绿琉璃瓦，配殿为神库；最后是遗念殿，灰筒瓦歇山顶，面阔九间，二层，楼两边有东、西朵殿，为佛堂。东路建筑主要有排房四进，为王府仆人等居住。东路的北部有家祠及后楼，东北角有一角门通鼓楼西大街。西路是住宅及日常起居的主要区域，以“宝翰堂”“九思堂”“思谦堂”三个院落为主。“宝翰堂”又名大书房，北房五间，载沣当年用作外客厅及书房。1912 年 9 月 11 日，孙中山到醇亲王府访问载沣时即在宝翰堂会晤。思谦堂是载沣夫妇的居室，溥仪就诞生在此堂的东间。

府邸西部是花园（今为宋庆龄故居），此园构建于何时，有

不同说法。溥任（载沣第四子，生长于此府）认为明珠时已建此园，“恩波亭”即建在“渌水亭”故址上。花园原有正门三间，但终年封闭，出入花园只能经由东侧随墙门。入园循径前行可见南湖，湖之南有“南楼”，楼前有七株合欢树，两株年代较久，为纳兰成德亲手种植。纳兰成德有《夜合花》诗咏曰：“阶前双夜合，枝叶敷华荣。疏密共晴雨，卷舒因晦明。影随筠箔乱，香杂水沉生。对此能消忿，旋移近小楹。”[19]南楼后土山上西有“听雨屋”，东有扇形“箑亭”，其匾为醇亲王奕谖题写。南湖与北湖之间有长廊相连，廊上有六角亭，篆书额曰“恩波亭”。据溥任称，此匾系其父载沣的馆师缪嘉玉所题。亭两侧临水，因奉旨引什刹海水入园，故命名“恩波”。

醇亲王府是现存清代王府中保存比较完整的一处。中华人民共和国成立后，政府曾多次拨款维修府邸建筑。1959年，中共中央、国务院决定将花园部分改建为宋庆龄住所，1963年4月宋庆龄迁入，1981年宋庆龄逝世后定名为“中华人民共和国名誉主席宋庆龄同志故居”，1982年被列为全国重点文物保护单位。

庆王府位于定阜街3号，初为道光年间大学士琦善宅。琦善，曾任直隶总督，道光二十年（1840）被任命为钦差大臣赴广州与英使议和，次年（1841）正月初三，私自与英使签约，擅许赔款，割让香港。由是获罪，被革职查办，籍没家产，此宅第便闲置下来。此时，奕劻居住在前海西侧的庆亲王老府（即后来的恭王府），庆王永璘去世后，依照清朝袭爵制度，奕劻降至辅国将军，以此身份仍居庆亲王府与清制不符。于是在咸丰元年（1851）奕劻奉旨换府，迁至琦善宅。奕劻后来得到慈禧的重用，任军机大臣，晋封庆亲王，其所居府第遂称庆亲王府。奕劻利用职权卖官鬻爵，贪污受贿，斥巨资在府内大兴土木，房屋由一百六十余间增建到近千间。

庆王府自东向西分为五个并排院落。主体殿堂在东部，屋面为灰筒瓦。现在，东部和中部建筑大部分已不存，仅留后寝一座。西部基本保存完整，是王府的生活区，有三组院落，屋宇错落，回廊曲折。最后是一座二层小楼，俗称绣楼，雕镂彩绘细腻精致，形制新颖独特。靠近西墙的地方是后园，旧有一座戏楼，能容纳三百多人。奕劻在生日或喜庆的日子里，都要大摆宴席演戏三天。著名京剧演员谭鑫培、王瑶卿、陈德霖、杨小楼、王凤卿等都曾在这里演唱过。1971 年，正是“文革”时期，2 月 4 日晚，在这里上演京剧《红灯记》时，剧务人员在后台吸烟，不慎引燃幕布、道具，火势蔓延，戏楼被焚，后在遗址上改建礼堂。

辛亥革命以后，庆王府开始衰败。奕劻去世后，1918 年，他的三个儿子载振、载搏、载抡分家，将王府分割为三个院落，各有大门出入。1940 年，载振将王府售与伪华北政务委员会，售价约 45 万，兄弟三人均分。抗日战争胜利后，王府被国民党接收，设教育部编审会和国民党空军北平地区司令部于此。1949 年以后，中国人民解放军京津卫戍区司令部设于此。20 世纪 50 年代以后，庆王府改由北京卫戍区及其所属机关使用，将王府东部改建，并在中部建楼。1984 年，庆王府被列为北京市文物保护单位。

罗王府位于毡子胡同7号，又称塔王府、阿拉善王府。最初的府主是元太祖的兄弟哈布图哈萨尔的后裔阿宝。他原先居住在内蒙古的阿拉善旗，康熙四十三年（1704），尚郡主，授和硕额驸，赐第京师（此时仅为驸马府）。康熙四十八年（1709），阿宝始袭札萨克多罗贝勒。雍正二年（1724）因击准噶尔有功而晋封为多罗郡王，俗称罗王，府第亦升为郡王府。阿宝次子罗卜藏多尔济于乾隆四年（1739）袭贝勒，乾隆二十二年（1757）因军功晋封多罗郡王，三十年（1765）又晋封和硕亲王，府第升为亲王府，四十七年（1782）诏世袭罔替，五十六年（1791）其子旺沁班巴尔袭爵。至清末宣统二年（1910）袭封至第八代塔旺布鲁克札勒，俗称塔王。1934年，塔王携家眷迁回阿拉善旗。中华人民共和国成立后，罗王府由国务院国家机关事务管理局管理。此后，苏联专家曾居此，苏联专家撤走后，改作公安部家属宿舍，俗称大观园宿舍。

罗王府花园遗存（引自侯仁之主编：《什刹海志》）

罗王府损坏严重，府门亦由原来朝南的方向改为东向，尚存部分殿宇、家庙及花园。

涛贝勒府位于柳荫街27号和乙27号，原是康熙皇帝第十五子允禑的府邸。雍正八年（1730）允禑晋封为愉郡王。允禑卒后，弘庆、永珔、绵岫、奕槥、载瑹相继居住于此。同治五年（1866），载瑹降袭辅国公，按照清代的规制他的身份不能于此府居住，需要撤府。两年以后，此府被赐给钟郡王奕詥的嗣子载滢贝勒。载滢，光绪十五年（1889）加郡王衔，二十六年（1900）因罪革爵，迁出此府。光绪二十八年（1902）醇亲王奕譞第七子载涛过继给钟郡王奕詥为嗣，承袭贝勒爵，搬入府内。由是此府称涛贝勒府，俗称七爷府。

涛贝勒府于1925年3月以16万元租金租给罗马教廷，筹办辅仁大学。1929年6月辅仁大学的大学部和辅仁大学附中的高中部均设于涛贝勒府，初中部暂设于庆王府内。1929年，在府邸南部马圈及花园前空地构建一座钢筋水泥的中西合璧式教学楼，次年竣工。同年9月辅仁大学迁入新楼，府邸则为辅仁附中（包括初中、高中）所用。1952年辅仁附中改为北京市第十三中学。

涛贝勒府坐北朝南，分东、中、西三路。中路有正殿、配殿、后寝、后罩房等四进院落；东路亦有四进院；西路只有前后三排北房，前排和中排为五间，后排为九间。西部的戏楼已改为十三中的操场，其南是花园，呈长方形，占地15亩。东、南两面有长廊，曲折环绕；北面原有两座花厅，现仅存一座；中部和西北角均设水池；南面有假山，太湖石散布其间，树木

蓊郁，楼亭翼然。1927 年后一度改称“神甫花园”。1951 年为适应教学需要，十三中将中、西路建筑拆除。1964 年建起一座四层教学楼，后又建 7000 平方米综合实验楼一幢。在教学楼北另辟空场，仿贝勒府规格建北房五间，房前东侧有小花厅一座以及平房两排。1995 年 10 月 25 日，涛贝勒府被列为北京市文物保护单位。1997 年有关单位对涛贝勒府进行了一次修缮，2002 年北京市文物局再次对涛贝勒府进行了修缮。

棍贝子府位于新街口东街北侧，又称诚亲王（允祉）新府。诚亲王旧府位于官园，因改赐慎郡王，故于蒋家房（今新街口东街）建新府。雍正十年（1732）允祉卒后，其第七子弘暻继为府主。弘暻于雍正八年（1730）被封为贝子，故此府又称固山贝子弘暻府。此府东起水车胡同，西邻光泽胡同，北抵积水潭南岸。府邸阔大，规制严整，正门五间，大殿七间，东、西配楼各五间，后殿三间，后寝五间。主体部分在西路；东部以花园为主，规模很大，园中有亭台楼阁、山石点缀。园内有一湖，湖中有一土石相间的小岛，湖水引自积水潭。此府后来改赐庄静固伦公主为府。

庄静固伦公主是嘉庆皇帝四女儿，嘉庆七年（1802）下嫁土默特世袭贝子玛尼巴达喇。玛尼巴达喇于同年袭其父贝子爵，道光十一年（1831）晋贝勒，次年卒。其子德勒克色楞袭贝子，咸丰七年（1857）卒。子索特那木色登袭贝子，光绪六年（1880）卒。子棍布札布袭贝子，此府遂被称棍贝子府。1948 年，棍布札布的儿子沁布多而济将此府出售给天主教会。20 世纪 50 年代在这里建设北京积水潭医院，原有建筑基本拆除，仅存三间卷棚歇山筒瓦顶的花厅、两座硬山过垄脊的重楼以及小湖与假山。1989年8月1日，棍贝子府花园被列为西城区文物保护单位。

兆惠府位于前井胡同3、5、7号。兆惠，乌雅氏，字和甫，满洲正黄旗人，清孝恭仁皇后（雍正皇帝的生母）族孙。乾隆时期官至协办大学士。乾隆二十一年（1756）进驻伊犁，先后参加了平定准噶尔部和回部霍集占的叛乱。乾隆二十三年（1758）以军功晋封为一等武毅谋勇公。兆惠病逝后，乾隆皇帝亲临其丧。乾隆三十七年（1772），乾隆帝将九女儿和硕和恪公主嫁给兆惠之子札兰泰，此府又成为额驸之府。今尚存部分建筑。兆惠的墓园位于国家体育馆的北侧，现仅存一对华表与一座墓碑。

法雨落处听雷音

什刹海地区分布着众多的寺庙观堂。兴建年代最早的是“隋之旧基”的汉寿亭侯庙（白马关帝庙）；其次是“唐贞观建”的火德真君庙；建筑年代最晚的是德胜桥清真寺，始建于1946年，距今不足百年。

这些寺庙观堂对什刹海地区的影响不仅在于景观而且在于文化，至少它们的存在决定了许多道路与胡同的名称，甚至可能是什刹海名称的来源。什刹海地区最重要的津梁后门桥，本称万宁桥，也是因为桥北有大天寿万宁寺而得名。万宁寺建于元代，草场胡同12号尚留残迹，今之鼓楼或即其时寺内中心阁

的遗存。万宁寺作为寺庙虽然只是历史的遗迹，但是以其命名的桥梁却依然存在，可见其影响之渊深久远。

在什刹海地区，现在依然发挥着宗教作用的是位于鸦儿胡同21号的广化寺。《日下旧闻考》卷五十四援引《析津日记》说：“广化寺在日中坊鸡头池上，元时有僧居之，日诵佛号，每诵一声，以米一粒记数，凡二十年，积至四十八石，因以建寺焉。”由此可以判断，广化寺的历史当不会晚于元代。又据明万历年间的重修广化寺碑记所载：“都城西北隅有巨浸曰什刹海，以环海有丛林十故名。广化寺者十刹之一。”广化寺是十座寺庙里面的一座，其他九座寺庙又是哪些呢？虽然碑中没有记载，但是却提供了什刹海之称源于十座寺庙的证据。

广化寺坐北朝南，是北京著名的大寺。中路的建筑依次有：山门南面的影壁，上书“南无阿弥陀佛”；影壁之南是放生池，“文革”中被填建楼；影壁的北侧是山门，门额上书“敕赐广化寺”，门联曰“烟波淡荡摇空碧，楼阁参差倚夕阳”；山门内是钟楼、鼓楼，北侧是天王殿；天王殿的北部是大雄宝殿，联曰“道场遍十方无人无我，佛法超三界非色非空”；大雄宝殿的东西为重楼，东原为地藏阁，现为伽蓝殿，西原为观音阁，现为祖师殿；最后是藏经阁。

清光绪三十三年（1907），张之洞任军机大臣掌管学部时，在广化寺设立了编译图书局，次年（1908）委托两江总督端方购买了湖州姚氏和扬州徐氏的私人藏书并运到北京，存放在广化寺。宣统元年（1909）经奏准建立京师图书馆，把筹备处设在广化寺内，后定馆址于此，由是广化寺成为京师图书馆最早

后海北沿的大藏龙华寺（现为北海幼儿园分部）

广化寺

的馆址。1912年，周树人（鲁迅）任北京政府教育部佥事，负责图书馆、博物馆事宜，曾多次到广化寺，参与京师图书馆的筹备工作。1912年8月27日，京师图书馆开馆，藏经阁一层的般若堂当时作为阅览室。但是，终因地址闭塞、交通不便，两月之内便闭馆了。1917年1月26日，京师图书馆迁至方家胡同内国子监南学官舍旧址。

广化寺现在是北京市佛教协会、北京市佛教文化研究所和北京佛教音乐团的所在地。

广化寺的西北是关岳庙，位于鼓楼西大街149号，原是醇贤亲王祠堂。醇贤亲王奕譞是道光帝的第七子，光绪十六年（1890）奕譞逝世。同年光绪帝发布上谕，为奕譞立祠。光绪二十五年（1899）建成，但未入祀。1914年北洋政府在后寝塑关羽、岳飞像进行祭祀，遂称关岳庙。1939年日伪统治者重修关岳庙，将关岳庙改为武庙，正殿改称武成殿，后寝（关岳殿）改称武德殿。

关岳庙坐北朝南，依次有影壁，山门、二门，正殿、后殿以及东、西跨院，基本保持了原建格局，现为西藏自治区驻京办事处。

在什刹海地区众多的寺庙中，建于唐朝且现在依然存在的是火德真君庙。火德真君庙俗称火神庙，位于万宁桥堍西北，地安门外大街77号，相传始建于唐贞观六年（632）。元至正六年（1346）重修。明万历三十三年（1605）重修时改作琉璃瓦顶。清顺治年间和乾隆二十二年（1757）再次重修。火神庙的山门坐西向东，山门之外是牌楼。庙内的殿堂依旧坐北朝南，依次有前殿，即灵官殿；大殿，祭祀火神之处；后殿，为关帝殿；最后是万寿景命宝阁。东配楼名玉皇阁，额曰“紫霄香案”；西配楼为斗母阁，额曰“妙统辰枢”。明代的“公安三袁”多次结伴到这里游览赋诗。袁中道赞赏这里的明波碧树“柳花浓没地，鸥貌静随湍”，惊叹这里是“石桥明树里，真不像长安！”[20]

火神庙原已成为民居杂院。2002年开始腾退居民，重修殿宇，2010年12月12日竣工并对外开放。修复的火神庙增辟了南门。

火神庙

相对于火神庙，护国寺与嘉兴寺则令人扼腕。嘉兴寺已经片瓦无存，护国寺在北京的历史上虽然名声籍籍，却也只余残迹。护国寺原名崇国寺，位于护国寺街85号，始创者为定演。定演，俗姓王，今河北三河人，七岁入大崇国寺，拜善选为师。元至元二十四年（1287）前后，定演在大都兴建了一座大寺，也叫崇国寺，为了与原来的崇国寺相区别，俗称北崇国寺，也就是护国寺的前身。明宣德四年（1429）重修，赐名大隆善寺。成化八年（1472）再次重修，赐名大隆善护国寺。明代僧录司曾设于寺内。清康熙六十年（1721年）重修，蒙古王公贝勒修缮此寺为康熙皇帝祝厘，更名护国寺，俗称西寺，其时的隆福寺俗称东寺。东寺与西寺，都曾经以庙会闻名，而且尤以花厂蔚然，一年四季各擅其盛，其中：春日以果木为盛，夏日以茉莉为盛，秋日以桂、菊为盛，冬日以水仙为盛。至于春花中的牡丹、海棠、丁香、碧桃之流亚："皆能于严冬开放，鲜艳异常，洵足以巧夺天工，予支月令。"[21]

护国寺坐北朝南，规模宏大。中轴线上依次有山门、金刚殿、天王殿、延寿殿、崇寿殿、千佛殿。千佛殿后有垂花门，垂花门后为护法殿、功课殿、菩萨殿。垂花门处有横巷相隔，形成前后两部分。垂花门左右各有一座舍利塔。千佛殿内立有两尊塑像，一为幞头朱衣，一为凤冠朱衣，相传是元丞相托克托夫妇，早已不得见。帮助明成祖朱棣夺取皇位的姚广孝曾在大庆寿寺居住20余年，晚年自绘画像，逝世后在庆寿寺设立少师影堂，供奉自画像及其遗物。嘉靖十四年（1535）庆寿寺遭受火灾，姚广孝自绘画像被移至护国寺供奉，今亦已不得见。

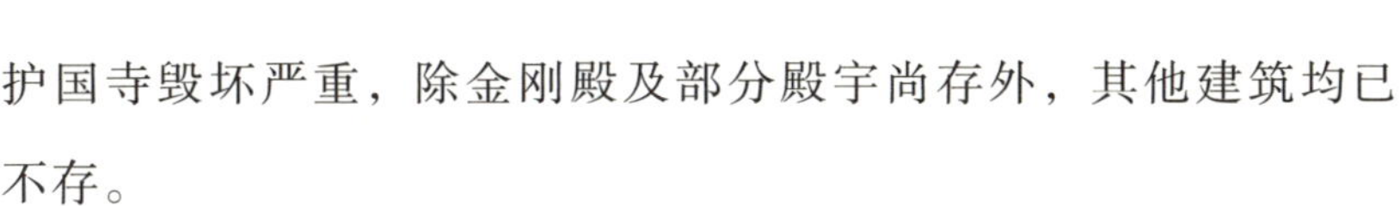

护国寺毁坏严重，除金刚殿及部分殿宇尚存外，其他建筑均已不存。

护国寺的南边是嘉兴寺，位于地安门西大街141号，始建于明弘治十六年（1503），康熙十九年（1680）重修，宣统二年（1910）再次重修。其寺坐北朝南，三院并列，以西院为主体，依次有山门三间，前殿三间及东、西配殿各三间，大殿五间及东、西配殿各五间。东院有三层殿各三间，后院有北房三间及东、西厢房各三间以及菜地。再东院落无殿房，为四合院。寺内原有“嘉兴寺”石匾，为康熙三十八年（1699）所立。还有乾隆皇帝御笔“妙明圆湛”与翁同龢手书“示真实相”匾各一块。

清咸丰十一年（1861），嘉兴寺东院被辟为通商议事之所，直至总理各国事务衙门在东堂子胡同建立为止。民国初年，前殿改作嘉兴寺殡仪馆。历史上不少名人，如任弼时、齐白石、梅兰芳等逝世后都曾在此停灵。20世纪60年代，嘉兴寺改为工厂，80年代又将殿宇拆除建楼改为北海宾馆。

什刹海沿岸不仅风光秀丽，而且亦分布着不少寺庙。著名的有普济寺、净业寺与汇通祠。

普济寺，位于西海南沿48号，始建年代不详，明正德五年（1510）和十四年（1519）重修。因地势高耸，俗称高庙。光绪二十七年（1901），继昌在《行素斋杂记》中称赞这里是“临水开窗，叠石为径，花木明瑟，为城中遣暑胜地”[22]。相传这里是明珠的家庙，寺内藏有明珠的行乐图，继昌“少时曾见之”。

清咸丰十年（1860），英法联军进犯北京。清政府与英法联

军在通州谈判，英法联军的代表巴夏礼提出无理要求，致使谈判破裂。9 月 18 日僧格林沁奉怡亲王载垣之命，将巴夏礼等 31 人扣押，关入北京刑部监狱，后移至普济寺。10 月 8 日又将巴夏礼等人送回英法联军兵营。

普济寺的北墙外、西海南沿曾经立有《桂林梁巨川先生殉道处》碑，此碑为 1917 年彭诒孙所立并书丹。初立之时，只有碑石和石座。1938 年普济寺僧人受人之托，砌龛保护。1966 年 8 月，“文革”之风骤起的时候此碑被毁坏。

普济寺的西北是净业寺，位于德胜门西顺城街 46 号。明嘉靖三十七年（1558）修建，初名智光寺，入清后重修，改名净业寺。此寺坐北朝南，依次有山门、前殿、后殿。后殿及东、西配房均为重楼。现仅存正殿等部分殿宇。这个庙宇所处的环境，据《明水轩日记》所载，是“门临水岸，去水止尺许”，有高柳、荷花，“江南云水之胜无以过此”[23]。戴九元吟哦这里的风光是“湖上濠边秋色深，蓼花芦叶共萧森”，叩问谁是这里的主人，答案是“老僧如鹤瘦堪亲”。[24] 清羸的老僧亲切使人忘俗。后海又名净业湖，便是缘于此寺。

净业寺迤西是汇通祠，位于德胜门西大街甲 60 号，明永乐年间姚广孝建，初名法华寺，又名镇水观音庵。清乾隆二十六年（1761）重修，赐今名。汇通祠建在西海北侧的一座小土山上，四面环水，北为水关。汇通祠坐北朝南，依次有山门、前殿和后楼。祠下雕一石螭，北岸水关涵洞的入水口直对石螭，石螭迎着水流，既吸复吐，激起浪花。祠后立一陨石，高六尺五寸，下为石座。陨石顶部刻有从左向右走式、高四寸的鸡和

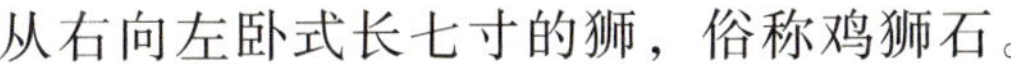

从右向左卧式长七寸的狮，俗称鸡狮石。

汇通祠旧时为文人所喜，多游览者。半亩园主人——《鸿雪因缘图记》的作者麟庆曾经到这里游览，在谛视“水声淙淙”的绿波之时，想到乾隆手书的“潮音普觉”，恍然“若有所悟”。

20世纪70年代修地铁时汇通祠被拆除，1986年在汇通祠原址上堆土砌石为山，重建汇通祠，1988年竣工。重建的汇通祠有山门一间，前殿三间及东、西配殿各三间，后楼三间及东、西配殿各三间。在祠后建碑亭，内立清乾隆二十六年（1761）的御制诗碑，并将仿制的鸡狮石安放在汇通祠的后面。仿制的石螭则布置在汇通祠的西北的河道中，依旧对着进水口。

汇通祠现在是郭守敬纪念馆，院内立有郭守敬塑像。

这些寺院地处什刹海的沿“海”地带，绿树丹墙，荷香袭人，曾经是旧时文人寻诗觅句的极好处所。清初诗人高士奇，曾于康熙年间做过礼部侍郎，一年的新秋，与好友碓庵来到净业寺与方丈晤谈，归来之后写了这样一首诗：“寺僻轩窗静，荷香到枕边。景斜初破睡，交澹总忘年。啜茗依檐树，浇花引涧泉。赏心添韵事，洗虑对名贤。碧汉秋云薄，澄湖晓镜圆。柳丝低飐水，芦叶远沉烟。凫狎忘机久，鸿飞得气先。醉醒徒自忧，隐显且从权。问道惭迂拙，全生乐弃捐。荷锄思学圃，扣犊拟归田。十载羁都市，终朝托简编。愿随麋鹿往，闲看斗牛悬。选胜歌相和，寻幽兴独偏。东林遗苑在，可使日陶然。”[25]吟哦这里袭人的荷香、缠绵的柳丝、明镜一般的晓月与澄净的秋水，醉看远处的芦苇沉浮在浅灰色的烟雾里，享受着一种远

离尘器“凫狎忘机”的乐趣。

什刹海地区胡同里面的寺庙也很多，著名的有广福观、清虚观、海潮庵、德胜庵与什刹海寺。

广福观，建于明天顺三年（1459），位于烟袋斜街37号。明朝的道录司曾设于此处。清雍正年间重修，改名孚佑宫。光绪九年（1883）改建山门。民国后又复称广福观。此观坐北朝南，中轴线上依次有山门、前殿、大殿、后殿。西跨院名白云仙院；观内有明成化元年（1465）立的《诰命道士孙道御制文碑》和清光绪九年（1883）立的《广福观改建神路碑》。现建筑与格局大体完好。2007年将观内居民腾退修复，拟建玉器古玩市场未果，近年在此处多次举办文化展览。

在什刹海地区，有一座寺庙因为影壁而闻名于世，即德胜庵。德胜庵建于明嘉靖三十四年（1555），全称是护国德胜庵，位于铁影壁胡同19号。依次有山门，前殿，后殿及东、西配殿。现仅存后殿及配殿。庵前早先立有铁影壁，系从城外龙王堂移至这里的。影壁上浅雕云纹、异兽，材质为中性火成岩，颜色红赭，宛如铁铸，是不可多得的艺术珍品。1948年，北平市文物整理委员会将铁影壁移至北海公园北岸的澂观堂前。1986年又将铁影壁的底座从铁影壁胡同挖出，移至北海公园，将铁影壁安置于原座。

德胜庵之东是清虚观，建于明景泰五年（1454），位于清秀巷19号与21号。清虚观坐北朝南，又名清虚仙院，原有山门、前殿、后殿及东跨院，共有殿房31间。山门已拆除，现为民居。观内原有景泰五年（1454）胡濙撰写的《清虚观碑》，今已仆倒于地。在曹雪芹的《红楼梦》中有一回贾母打醮的故事，其地点也叫清虚观，而且也位于大观园北部。这就引起了红学家的兴趣而对此议论不休。

同样引起议论的是什刹海寺。什刹海寺，又名什刹海庵、什刹海庙、什岔海等，位于后海西北糖房大院27号，始建于明万历年间。此寺坐西向东，依次有山门、前殿、大殿、后殿。明人刘侗、于奕正在《帝京景物略》卷一中这样描述什刹海寺：

京师梵宇，莫十刹海若者。其供佛，不以金像广博，丹碧宇嶒嶒也；以课诵礼拜号称，以钟磬无远声，香灯无远烟光，必肃必恍，警人见闻，发人佛心。其供僧，不以精凿致恭，竹木致幽，童侍致容也；以单无偃僧，院无喧众，休惗不过伏腊，参静不过板，粥饭不过中。其洁除于龙华寺之前，方五十亩，室三十余间，比如号舍，木扉砖牖，佛殿亦分一僧舍，不更广也。[26]

民间传说，江南财神沈万三潦倒之时曾经在这里居住过，附近的居民至今把这里称为大庙。为什么叫大庙？现在的什刹海寺只是一座小庙，但是，研读上引《帝京景物略》中的文字“方五十亩”，便可明白了。占地五十亩的寺院在什刹海地区，还不能说是大庙吗？民间的记忆并没有错误。

有一种说法认为，什刹海的名称便是由什刹海寺演化而来，这充分说明什刹海寺在什刹海地区的位置之重要。

嘉庆元年（1796）的冬天，《四库全书》的总纂官纪晓岚，时任兵部尚书，出德胜门“监射”，借宿在什刹海寺内。后来他在《阅微草堂笔记》卷二十一中记载了当晚的经历：

> 此前明古寺也。殿宇门径，与刘侗《帝京景物略》所说全殊，非复僧住一房佛亦住一房之旧矣。寺僧居寺门一小屋，余所居则在寺之后殿，室亦精洁，而封闭者多。验之，有乾隆三十一年（1766）封者，知旷废已久。余住东廊室内，气冷如冰，爇数炉不热，数灯皆黯黯作绿色，知非佳处，然业已入居，姑宿一夕，竟安然无恙。奴辈住西廊，皆不敢睡，列炬彻夜坐廊下，亦幸无恙。惟闻封闭室中，喁喁有人语，听之不甚了了耳。轿夫九人，入室酣眠。天晓，已死其一矣。饬别觅居停，乃移住真武祠。㉗

纪晓岚时代的什刹海寺与明人的记载已然大不一样，而且不是宜居的处所，然而已经住进来了，没有办法，众人只能坚持到次日，死了一名轿夫，于是赶紧迁徙，住到真武祠里面去了。纪晓岚是乾隆时期的协办大学士，借用时下的表述是副首相。与其相关的电视剧的热播，使得他成为家喻户晓的历史人物。《阅微草堂笔记》是一部驳杂之作，既收纳了纪晓岚的亲身阅历，也不乏谈论风月与狐鬼之事。他讲述的这个故事，既丰富了什刹海寺的历史，也为这座古刹制造了些许神秘色彩。“气冷如冰”“爇数炉不热”“灯皆黯黯作绿色”，不仅是当事之人，就是读此书的事外之人也会产生阴冷的感觉。这或许只是纪晓岚的艺术手法，真的如此吗？

表情丰腴的人间意境

1965年，末代皇帝溥仪的兄弟溥杰来到烤肉季，饭后写了两首诗，其中一首这样写道："波漾旖楼湖外地，差堪把酒乐清宵。覆堤柳浪通幽境，十里荷风渡小桥。"再一首是："香泛枣薪明榾柮，味珍铁板炙羊羔。车回冠盖缘知味，宾至如归不用招。"诗写得很通俗，意思也很朗豁，无非是赞颂这里的环境与这里的美食。烤肉是中国的传统食品，起源于蒙古的烤全羊，传入中原以后，将羊肉切成薄片，放在铁炙子上烤，烤熟之后食用。旧时的北京烤肉有两种吃法：一种是武吃，一种是文吃。前一种吃法是食客握着一尺多长的竹箸翻动肉片在炙子上烤，右脚撑地，左脚踞于长凳，粗犷豪放，因此以武吃相称。后一种则是将烤好的牛肉或者羊肉盛进盘中，佐以芝麻烧饼，食客将肉放到烧饼里吃，吃相温文尔雅，因此叫文吃。北京的烤肉有两家最为有名，一是烤肉宛，烤牛肉的翘楚；一是烤肉季，以烤羊肉为佳。烤肉宛在宣武门内，烤肉季位于什刹海，一南一北，称南宛北季。现在烤肉宛搬迁到三里河一带，处于烤肉季的西南，因此南与北只是历史的表述，与现实不符。"北季"的创始人是季德彩，通县人，自咸丰年间起，每届春暮，都要从通县来到前海的一溜河沿一带，设摊烤肉。后来，其孙季阁臣购得一个小铺，将摊商改为坐商，称"潞泉居"，但是这个名称并未流传开来，人们还是习惯于以店主的姓氏与行当——"烤肉”“季”相称。1945年，季阁臣又购得一楼一底的二层小楼，将烤肉季作为正式字号。烤肉季用什么吸引食客？季阁臣说：“就八个字：货真价实，童叟无欺。”烤肉首先是精选羊肉，以张家口以西的绵羊为最好，这种羊的形状是黑头团尾。羊肉只用后腿、上脑部位，将筋膜、碎骨、肉枣剔净，从而保障肉的质量。再将选好的羊肉用小箅帘布包好压冰，24小时以后更加滑嫩，有“赛豆腐”之喻。刀工也很讲究，切出来的肉片比涮肉的肉片略小，薄的程度要求透明，至少是半透明，如果不薄，

倚海而立的烤肉季

难免有膻腥味。

1955年烤肉季公私合营后，将店址略向北移，80年代后多次翻修，现在的店铺是一座美轮美奂的仿古建筑，可以同时接待二百余人就餐。今天的烤肉季位于银锭桥东侧的前海东沿，夏荷春柳，冬雪秋苇，风光绝佳，在这里吃烤肉可谓双绝。景，是一绝；烤肉，亦是一绝。清人得硕亭著有《草珠一串》，其中有一首竹枝词："地安门外赏荷时，数里红莲映碧池。好似天香楼上坐，酒阑人醉雨丝丝。"㉘将对历史中天香楼的赞誉移至于今天的烤肉季也算是相宜的吧。

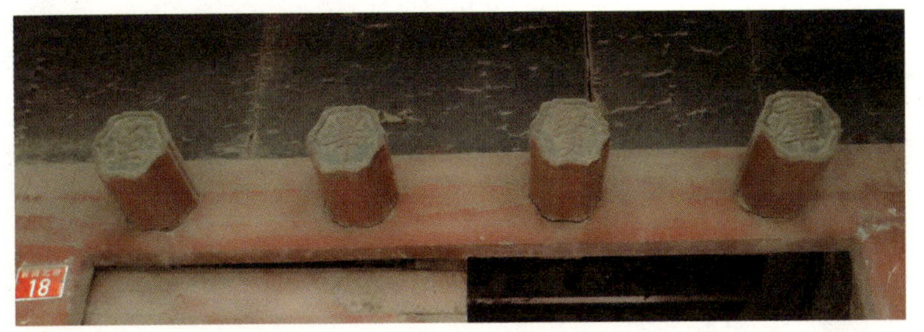

会贤堂饭庄门楣上的門簪：群贤毕至

在什刹海地区的饮食行业中，名气可以和烤肉季相比的是会贤堂饭庄。根据崇彝的《道咸以来朝野杂记》，会贤堂的前身是清光绪年间礼部侍郎斌儒的宅第，后来卖给张之洞的厨师改为饭庄。会贤堂饭庄位于银锭桥西南的前海北沿，临街是一座具有西洋风格的两层楼房，楼下第三间位置是中式宅门，四枚门簪镂刻"群贤毕至"四字。会贤堂饭庄是旧时北京的八大饭庄之一，经营鲁菜，为时人所重。京剧大师梅兰芳在他所著的《舞台生活四十年》中，回忆在这里吃饭的情景是：什刹海岸边高柳静垂，蝉声聒耳，湖中红莲轻香远送。吃炸笋鸡、新鲜的莲蓬、菱角、嫩藕，喝点陈黄酒，甜点心也很好，琥珀莲子、枣泥盒酥都异常可口。1919 年北京大学教授、著名的书法家沈尹墨与朋友在这里聚会，写了一首《减字木兰花》，吟哦这里的高柳低荷与冰盘小饮，道尽欢喜。

会贤堂饭庄旧迹

这里还是举行堂会的好地方。1936 年初夏，盐业银行的经理王绍贤在这里办堂会，为其母祝寿。这次的堂会白天是富连成的班底，晚间是承华社。戏码有梅兰芳的《醉酒》、余叔岩的《骂曹》、尚和玉的《四平山》、李万春的《战马超》、陈德霖与刘景然的《三击掌》、程继仙和萧二顺的《连升店》，可见盛况。可惜“彩云易散琉璃脆”，次年卢沟桥事变，会贤堂生意逐渐萧条，不久被改为伪满洲国驻京办事处。1945年日本投降后，会贤堂被作为逆产没收。1948年，会贤堂被卖给辅仁大学校友会，成为辅仁大学的宿舍。中华人民共和国成立以后院系调整，辅仁大学与北京师范大学合并，这里现在是北京师范大学的宿舍。

会贤堂的西南是和堤，位于今之什刹海体育馆东侧。清代光绪末年，那里开始出现游商，在土堤上摆摊售货。1916年应当时商绅所请，内五区署将初步形成的市场进行整顿，改为正式的市场。这个市场以和堤为中心，从农历五月初一到七月十五开办，如果天气炎热则延长到八月初一结束。在市场的入口用篱笆扎成八字墙，中间是门楼，悬挂布匾“什刹海临时市场”。临时市场营业时期正是荷花开放的季节，因此俗称荷花市场。荷花市场的格局大体是在和堤的东侧与前海北沿一带，主要是茶棚，茶棚相连宛如一道长廊。茶棚半在堤上，半凌水面，仿佛凤凰古城的吊脚楼。茶棚对面是贩卖河鲜与风味小吃的食棚。河鲜有新莲、嫩藕、菱角、慈姑、老鸡头；冷食有冰碗、酸梅汤、豌豆黄、艾窝窝、凉粉、扒糕、奶油镯子；小吃有苏造肉、烫面角、锅贴儿、灌肠之类。此外还有贩卖杂物的摊子，上至古玩书画，下至蝈蝈儿、知了以及用鲜苇叶和鲜蒲叶编织的小青蛙、小帆船、小花篮，种类繁多。再向北，便是曲艺、戏法与杂耍的场地。1921年7月2日，胡适曾参加同乡胡光姚的婚礼，做他的主婚人，午后礼毕，胡适到荷花市场游览，在一个古董摊上买了一幅杨晋的小画，一尊小佛，胡适说这是他第一次买古董。杨晋是什么人？胡适注明其是清代康熙与雍正时代的人物，画得如何，胡适没有解释，但是不难想象能够让胡博士入目的应该是有一定艺术水准的。

后海西沿传说酒吧

鼓楼大街东侧的瑞蚨祥分店

西安饭庄

烟袋斜街内的鑫园客栈

荷花市场的全盛时期是在20世纪的二三十年代，而后逐渐萧条。50年代荷花市场撤销。80年代开始规划恢复，1990年8月1日重新开业，设立常年摊点，固定屋舍。1995年改建为古玩市场，以经营古玩、旧货为主。2001年又将90年代建成的屋舍改造为以二层为主、部分一层的仿古建筑，2002年5月竣工，在其入口处树立了一座冲天牌楼，牌楼正中的匾额曰“荷花市场”，今之荷花市场的业态以酒吧、饭店为主，是一条很有特色的旅游商业街。

荷花市场

荷花市场临水茶座

小石碑胡同南口后海夜色酒吧

等待歌手 | 夜晚中的小店肆

一朵小院

一朵小院
FLORA COFFEE & BAR

渡口驿站夜色 | 前海北沿吉它吧

前海北沿的坚果吧

天与地吧

夜晚里的后海之夜

鸦儿渡

主场酒吧

与荷花市场比肩而又具有传统特色的商业街道，在什刹海地区还有一条，即烟袋斜街。烟袋斜街是一条曲折的街道，从地安门外大街向银锭桥倾斜，在道路的中部有一个弧度。清末民国之时，此街最为兴盛，店铺栉比，招幌飘扬，不过 230 米的街道，却拥有 80 多家商店，饮食、服装、古玩、字画、服务行业应有尽有。饮食业有：丁巴烧饼铺、刘记烧饼铺、李顺成包子铺、爆肚张、面茶汤、何顺居茶馆、义和轩酒铺、王金坡早点铺；服务业有：鑫园澡堂、同和头发店、振兴理发店、温记小染作；古玩字画行业有：宝文斋、敏文斋、太古斋、黎光阁、抱璞山房等。这里还有制作西服的都步昆西服店，是当时北京著名的西服店，不少制作西服的技师都在这里学习过。

历史上，烟袋斜街有三处古刹：一是龙王庙，一是广福观，一是三元伏魔宫。龙王庙不大，庙前有一口水井。现在龙王庙已经拆毁，广福观与三元伏魔宫还存在。广福观已修复。三元伏魔宫位于烟袋斜街 81 号与鸦儿胡同 2 号之间，建于清代的嘉庆年间，山门坐西向东，现仅存正殿与配殿，早已析为民居，且将临着后海的殿宇改为酒吧。

老店与寺庙综合在一起，使得烟袋斜街成为什刹海地区最具“京味”特色的商业街。但是到了 1956 年公私合营以后，烟袋斜街的店铺数量急剧减少，从 80 多家萎缩到十几家，丧失了原有功能。20 世纪 80 年代开始对什刹海地区规划整治，其中包括烟袋斜街。2000 年西城区政府决定将烟袋斜街改造为民俗文化步行商业街。经过多年的改造与建设，烟袋斜街基本恢复了北京传统商业街的风貌，现在已有近 60 家商店，主要经营古玩、玉器、工艺品、民族服饰、旅游商品，等等。原来的鑫园澡堂经过改造，在经营业态上增加了酒店式住宿，改叫鑫园客栈。而斜街东口的烟袋铺也改为酒吧，在中国传统风格的建筑里注入了西洋的经营业态，从而别具风格。

如同荷花市场的入口树立一座冲天牌楼一样，烟袋斜街东部入口也立有一座冲天牌楼，匾额镌字曰“烟袋斜街”。经过多年的规划与建设，烟袋斜街基本恢复了古色古香的京城传统商业街的风貌，以广福观为中心，老旧风格的店铺向两侧延展，青砖灰瓦、红绿门窗，在沉静的底色之中点缀着喜气洋洋的色彩，其中也不乏西洋风格的建筑。28 号是一座小型的西式建筑，至今犹存，从而制造了些许异样的节奏与韵律。

2000 年，什刹海地区开始出现酒吧。2003 年，北京爆发

“非典”，这里大面积出现酒吧。随着三里河酒吧街的改造，很多酒吧迅速迁移到什刹海一带。据统计，这里现有酒吧有100余家，是北京酒吧最密集的地方。这里的酒吧主要集中在荷花市场、前海北沿、后海南沿与后海北沿，以银锭桥两侧的酒吧最为繁密。这些酒吧都是沿街而设，倚临“海”面，风景绝佳。尤其是到了夜晚，旖旎的霓虹融入粼粼波光而共舞摇曳，桨声欸乃，船影朦胧，觥筹交错之中，使得北京这座北方的都市漫溢出温软丰腴的表情。有人把这里喻为北京的亮丽晚装，是旅游者快餐式认知北京“小资生活”的地理节点，一点也不为过。但是，问题在于这些酒吧都是在四合院的基础上改建而成的——把倒座房的山墙打开，改造为铺面，破坏了四合院的格局。虽然近年对这些酒吧进行了统一规划与整治，但是仍然不免简陋粗糙，原生态的四合院已经堕入历史的黑洞而不复存在。一位记者这样写道：

这条街上的人都过着美国人的作息，“我的夜晚是你的白天”，“老祁的吧”的老板老祁这样形容自己的作息。下午3点以后是他们一天的开始。…… 晚上对着湖里的盏盏荷灯和纸船蜡烛，湖面上船影绰绰，摇碎了对岸的亭台楼阁，船头二胡、琵琶、吉他等悠扬的乐声不绝于耳，何等惬意。当然，附近的平民也有非议，酒吧街整天晚上鬼哭狼嚎，那些拉客的酒托着实令人生厌。[29]

岂止是酒托，还有没有执照却要拉客的人力三轮车夫，而且随着沿“海”可以开设酒吧的房屋的减少，酒吧开始向胡同内部泛滥，最为盛者是靠近银锭桥的大金丝胡同与小金丝胡同，已然是酒吧成患。这里的居民举凡没有将房屋出租，或者由于处于四合院深处而不能把房屋出租的居民的静谧生活只能在记忆之中寻觅了。北京内城唯一的一处四合院与开放水域结合的居住环境遭到破坏，酒吧的繁华破坏了胡同的安谧，酒吧拉开了什刹海地区新的商业大幕，这使得人们不能不愈加回味刘侗在其所著的《帝京景物略》中所描绘的“西湖春，秦淮夏，洞庭秋”[30]，那种说也说不完、画也画不尽的人间意境。

注释：

①③④⑲⑳㉕ 转引自北京什刹海研究会、什刹海风景区管理处编著：《诗文荟萃什刹海》，北京出版社，1998年1月，第52、55、55、139、89、141页。

② 金受申著:《北京通》之《夏天的游赏》，大众文艺出版社，1999年1月，第36页。

⑤［清］纳兰成德著:《纳兰成德集》第二编，北京古籍出版社，2006年12月，第507页。

⑥［清］震钧著:《天咫偶闻》卷四，北京古籍出版社，1982年9月，第86页。

⑦［元］熊梦祥著:《析津志辑佚·河闸桥梁》，北京古籍出版社，1983年9月，第102页。

⑧ 见《燕都游览志》，转引自［清］于敏中等编纂:《日下旧闻考》卷五十四，北京古籍出版社，1981年10月，第879页。

⑨⑰［清］吴长元辑:《宸垣识略》卷八，北京古籍出版社，1981年2月，第155、154页。

⑩⑪⑫⑬⑭⑮㉖［明］刘侗、于奕正著:《帝京景物志》卷一，北京古籍出版社，1980年10月，第32、32、32、32、32、33、39页。

⑯ 见《京尘杂录》，转引自陈宗蕃编著:《燕都丛考》第六章，北京

古籍出版社，1991 年 10 月，第 408 页。

⑱［清］爱新觉罗弘历著:《重建钟楼记》，转引自［清］于敏中等编纂:《日下旧闻考》卷五十四，北京古籍出版社，1981 年 10 月，第 869 页。

㉑［清］富察敦崇著:《燕京岁时记》，北京古籍出版社，1981 年 8 月，第 53 页。

㉒见继昌:《行素斋杂记》，转引自什刹海研究会、什刹海景区管理处编:《什刹海志》第七编，北京出版社，2003 年 2 月，第 254 页。

㉓见《明水轩日记》，转引自［清］于敏中等编纂:《日下旧闻考》卷五十三，北京古籍出版社，1981 年 10 月，第 856 页。

㉔见戴九元:《净业寺湖亭》诗二首，转引自［清］于敏中等编纂:《日下旧闻考》卷五十三，北京古籍出版社，1981 年 10 月，第 856 页。

㉗［清］纪昀著:《阅微草堂笔记》卷二十一，上海古籍出版社，1980 年 9 月，第 514 页。

㉘路工编选:《清代北京竹枝词》，北京古籍出版社，1982 年 1 月，第 57 页。

㉙2007 年 12 月 12 日《新京报》D13 版。

㉚［明］刘侗、于奕正著:《帝京景物略》，北京古籍出版社，1980 年 10 月，第 19 页。

附　录

什刹海地区的酒吧、商店与机构名录

（注：没有门牌号码的，用＊标记）

前海东沿

＊后海夜色演艺吧（后海夜色茶酒吧）。14 号 烤肉季。＊庆云楼。甲 19 号（清真）东兴顺爆肚张。36 号 神乐斋（张永海书画艺术工作室）。50 号 北京联合大学继续教育学院。＊商亭（临海）。＊后海天堂（银海情慢游吧）。＊地厚源演艺吧。

前海南沿

＊中国邮政。甲 2 号 东岸（JAZZ）。＊中国烟酒（商店）。＊唐人茶道。＊昨日（啤酒）。＊电影吧。＊水境坊酒吧。＊你好吧（银子弹啤酒，纯正美国清啤）。5 号 北京市西城区伊斯兰教协会什刹海清真寺筹备处。11 号 中国艺术报社（已迁至朝阳区安苑北里）。12 号 客家酒楼（客家菜）。＊商亭（临海）。

前海西沿

即荷花市场（门牌为地安门西大街 51 号。51 号之下细分出 17 个门牌，从北向南排列）

1 号 兰（工艺品）。5 号 寻东寻西（服饰）、帅府饭庄、全聚德、樱苑（餐饮，酒吧）、欲望城市（吧）、商亭（民俗商品）、商亭（火柴语录、梦熊轩、九坊钰、晶彩领域、水乡人家）。9号 茶马古道（云南餐厅）。17号 嶽麓山屋（吧、餐饮，瓦罐炖汤）、甲丁坊（酒吧、餐饮、娱乐、烤鸭、比萨饼）、水牛石西餐厅、婉约的花（吧）、兰莲花（中国陶艺、首饰）、星巴克咖啡。* 好梦江南（处于水中）。

前海北沿

* 闻进（吧）。* 老北京剪纸。* 绮域。* 飞鱼酒吧。* 品昌吧。1号 槐吧（吧）、蝶豆（吧）、舢板（吧）。2号 天与地（吧）。3号 朝酒晚舞（吧，日本料理）。4号 赤雪廷。7号 紫晶环（PURPLE）。8号 接触（TOUCH）。9号 滴水藏海、火木598（HOME）。10号 吉他吧。11号 坚果（NUT）。13号 会贤堂（慢摇吧）。18号 会贤堂（今北京师范大学宿舍）。* 古玩商亭。* 食品店。* 冷饮店。* 北京美惠禹轩茶社。

后海南沿北侧

* 集贤堂（茶馆）。甲1-1号 春雨拂柳（临海）。甲1-2号 后海时光（临海。银子弹）。* 水岸（临海。BAR）。甲1-4号 好望角。甲1-6号 胡同接。甲1-7号 JAMIES。乙1号 食品店。丙1号 花青墨刺。丁1号 （老景）翅。* 六合元棋牌室。

后海南沿南侧

* 烈火麒麟（吧，百威啤酒）。甲2号 火塘（吧）。4号 潮泷阁。5号银海轩。* 谷雨。6号 望海情缘。* 烈火凤凰。8号 胡同写意。10号 全海。甲12号 柳塘庭。乙14号 卡萨布兰卡。* 天堂制造（饰品）。14号 大妈小店。* 依绿棕。乙16号 听月 BAR。* 31 咖啡。* 后海红。18号 LILY BAR。甲18号 琥珀 AMBER。乙18号 好时（吧）。甲20号 后海咖啡（纯正美国清啤）。* AROMA。* 春荣（吧）。30号 梁祝（茶馆）。* 英派莱客咖啡。60号 四喜（工艺品商店）。* 宽·店。* 食品店。* 于记牛肉丸子店。

后海西沿

* 香岸。2号 鸟巢（吧）。甲4号 水色盛开（ILLY）。* 尼罗

候。* 八英里（BMIL）。* 5050。* ZONE。* 金帆（北京后海水上运动中心。临海）。

后海北沿

47 号 AVLSLERG（吧）。46 号 中华人民共和国名誉主席宋庆龄同志故居。* 北京宗文书店。44 号 国家宗教事务局。43 号 北京市第二聋哑学校。* 海月轩。* 邂逅（餐厅）。* 食品店。* 望海楼。* 福亲轩（望海小潮）。甲 14 号 大华卫宾馆。甲 8 号 燕京吧（燕京啤酒）。甲 12 号 如果吧。* 七月七日晴电影馆（吧）。* 八卦（吧）。*（百龄坛俱乐部）玺岭观海。* 食品店。*（空中）后海 5 号花园。甲 2 号 疯狂烤翅。2 号 半打酒吧。* 金色提香。* JACK DANIE。

西海东沿

1 号 北京京城工业物流中心。* 兰莲花（餐厅、俱乐部）。* 北京中天华鼎建筑设计有限公司、北京西海工贸公司、北京机械工业企业管理协会。* 丽舍什刹海国际青年酒店。11 号 福林达汽配。

西海南沿

* 云南中烟工业公司驻京办事处（红塔集团驻京办事处）。48 号 有机玻璃厂、永康商务会馆、后海美味珍会所。

西海西沿

* 河清海晏（酒吧、迪厅、咖啡厅）。* 好时（婚庆庆典）。

西海北沿

* 食品店。* 渔具店。

烟袋斜街北侧

1 号 咖啡沙龙。21 号 鑫园客栈。甲 21 号 牛骨汤锅。丙 21 号 兰（民族服饰）。23 号 服饰工艺品商店。37 号 广福观。39 号 藏羚羊（工艺品）。49 号 古玩工艺品商店。57 号 利通商店。* 修鞋摊。65 号 丰年陶坊（工艺品）。乙 65 号 工艺品商店。* 天堂眼（西藏工艺品）。* 5A 精品烟斗烟具。* 茶叶店。* 拓布（民族服装）。

烟袋斜街南侧

* 鼓楼情（吧）。2 号 兴穆（吧）。4 号 湖景源裁缝店。8 号 照

相器材、竹林茶庄。12号 西藏工艺品商店。14号 纳西婆婆（民族服饰）。16号 HUXLEYS（吧）。22号 云水阁（工艺品商店）。30号 红楼酒吧。32号 藕吧。36号 海吧。38号 服饰工艺品商店。40号 梵谷伽蓝（皮艺手工坊）。* 翅（串吧）。* 30吧、斋腾治印。44号 嘉香茶庄。48号 食品店。* 香榭（鞋类）。* 昨日近日（鞋类）* 兄弟烟斗。* 烤肉季小卖部。* 帛衿（民族服饰）。* 一刀治印。* 后海夜色演艺吧（后门）。

大石碑胡同

1号 艺刺堂。

小石碑胡同

77号 成都小吃。* JACK DANIE。

银锭桥胡同西北侧

1号 烈火麒麟（百威啤酒）。3号 桥水家。庚9号 胡同（PIZZA）。辛9号 WHATERER。

银锭桥胡同东南侧

* 寒暑之约（时尚服装）。* 胡同酒吧（茶艺）。10号 翅吧（羊肉串、羊腰、单面、双面、海盗鱼、烤菜）。

北官房胡同

甲2号 食品店。20号 前海东沿社区星光老年之家。* 食品店。

南官房胡同北侧

1号 宏源南门涮肉。* 脑浊乐 BRAIM。5号 天使港湾（休闲酒吧）。

南官房胡同南侧

2号 收购古旧瓷器、名人字画。甲2号 北京伯尔利医疗器材销售中心。* 煤改电现场办公室（位于胡同南侧）。

大金丝胡同

1号 NO NAME。甲33号 桐苑精舍（原槐宝庵）。* 食品店。* 玉珠食品店（东侧）。* 食品店。

前井胡同

5号 潍坊市政府驻京办事处。甲23号 古韵斋。甲6号 ONSWER（西侧）。

前海西街东北侧

＊食品店。乙5号 三缘阁（一品京味）。甲11号（众人从之）食品店。甲13号 貔貅玉器（玉器专营）。乙13号 貔貅玉器翡翠玉器批发。甲15号 惠宝便利店。15号 燕国莲川面馆。＊新疆风味、兰州拉面。＊民间工艺品商店。＊食品店（爽爽霏霏、名烟名酒）。17号 恭王府。

前海西街西南侧

＊旅游商店（数码相机、锂电池、内存卡、北京特产、烤鸭、果脯）。＊烟（数码相机、锂电池、内存卡、出租相机、刻盘、工艺品、老北京绣花鞋）。＊北京卷烟（字画、冷饮、食品、电池、胶卷）。＊春园餐馆。＊牡丹吉（工艺品）。＊蜉蝣。＊谦和祥顺（工艺品）。＊汇垒鑫餐厅（关公故里极品羊汤）。＊庆丰包子铺。甲20号 食品店。

柳荫街西叉

1号 食品店。甲7号 柳荫街社区。17号 棋牌室。19号 特百惠（北京清馨百货店、美国优秀家居用品）。23号 吉祥如意食品店。27号 北京市第十三中学。

柳荫街东叉东侧

丁2号 便民超市。2号 驴肉店。10号 和顺府（酒店）。12号 北京少军饺子馆。14号 中国天主教爱国会。乙14号 四川饭店。甲14号 恭王府花园。

柳荫街东叉西侧

甲18号 烟酒超市（北京特产）、湘福轩（糖炒栗子）。丙28号 老北京特色绣花鞋、北京绣花鞋、旅游品商店（锂电池、内存卡、胶卷）。乙28号 柳龙轩。甲28号 赫宇津龙。己26号 福运来。戊26号 工艺品商店。丁26号 烟酒营销部。丙26号 和昌轩。乙26号 京剧脸谱。甲26号 柳荫艺苑。＊工艺品商店。戊22号 桂荫工艺礼品店。＊食品店。丁22号 中国烟草。丙22号 旅游品商店（相机、电池、内存卡）。乙22号 金鼎茂源工艺品店。

羊房胡同北侧

1号 怪味兔头。3号 国营羊

房食品店。9号 北京航鑫园宾馆。＊食品店。甲23号 什刹海景区管理处、什刹海研究会。＊胡同游特许经营办公室。23号 北京聋儿康复中心。＊主食厨房。＊全自动棋牌室。＊主食加工。＊棋牌室。＊兴旺食品店。＊兴盛食品店。37号 北京健利清洁服务中心。39号 塑钢门窗、西域新疆好美食。41号 成人保健。

羊房胡同南侧

＊寻乡记。＊佳佳照相馆。＊零零儿（私家小考）。24号 童辉美容美发店。＊东升食品店。＊创艺彩园五金建材店。＊清香斋、便民早点店。＊康乐餐馆。＊食品店。家政。＊西餐原料。＊东涛食屋。＊烟酒经营。

东明胡同

＊孔乙己酒店。＊观塘酒吧。＊窜门。＊食品店。

滨海胡同北侧

4号 福库（食空间）。甲13号 美之源（美发）。＊家政（红骏马家政服务中心）。

滨海胡同南侧

6号 香岸。8号 食品店。12号 食品店。

孝友胡同

1号 老北京传统小吃协会（九门小吃）。

（据2008年4月统计。随着时间流逝，以上的酒吧、店铺、单位已然发生了变化，保存于此作为历史记录。）

后 记

我于 1992 年调入什刹海研究会，2002 年因为工作调动离开，在研究会度过了十年光阴，期间参与了编写《京华胜地什刹海》《诗文荟萃什刹海》《什刹海志》的工作。在《什刹海志》中我撰写了第六篇《名胜古迹（上）》、第八篇《街巷》、第十一篇《旅游》，以及第四篇《文学、艺术》、第九篇《民俗民风》的部分章节。2007 年初，我开始撰写这本小书，2008 年完成初稿，后来因为种种原因而丢于箧中，去年复检出来，做了一些补订而成为现在这个样子。

在这本薄薄的小书中，对于什刹海的胡同，我试图从三个方面进行探讨：第一，地区中胡同的发生发展与布局形态；第二，每一条胡同的历史名称及其演变；第三，与胡同有关的景观、名迹、店铺等等。力求将宏观与微观结合起来，全面而深入地展现这一地区的历史与现状。至于四合院，在什刹海地区建筑思想与建筑形式上与北京其他地区没有本质区别，只是囿于环境与地理的限制而有些细微变化罢了。因此，我在这里采取的叙述方法是，阐述原理在先，之后，再介绍什刹海地区的四合院——既有理论也有实例，从而使读者对四合院产生较多的认识和了解。但这只是我个人的思索与追求，能否达到，需要验证。真诚地希望得到专家与读者的指正，从而加深我对什刹海地区的理解与认知。同时我要在这里指出的是，书题中的“胡同”只是北京人的泛指，并不是专指一种道路形态。这里的胡同囊括了大街小巷，只是作为道路的一种通俗称呼。

徐秀珊

2015年9月10日

图书在版编目(CIP)数据

春明的眼波/徐秀珊著.—北京:商务印书馆,2017
ISBN 978-7-100-13252-7

Ⅰ.①春…　Ⅱ.①徐…　Ⅲ.①地方文化—文化研究—北京　Ⅳ.①G127.1

中国版本图书馆CIP数据核字(2017)第068416号

春明的眼波
徐秀珊　著

商　务　印　书　馆　出　版
(北京王府井大街36号　邮政编码100710)
商　务　印　书　馆　发　行
北京顶佳世纪印刷有限公司印刷
ISBN 978-7-100-13252-7

2017年6月第1版　　开本 710×1000　1/16
2017年6月北京第1次印刷　　印张 13⅛

定价:66.00元